KB097741

황윤

소장 역사학자이자 박물관 마니아. 어려서부터 박물관을 좋아했고
박물관을 돌아다니면서 공부하는 일을 큰 낙으로 삼고 있다.
대학에서는 법을 공부했다. 유물과 미술 작품을 보는 안목을
기른 것은 인사동에서 고미술 관련한 일을 하면서부터다.
역사 교양을 대중화하고자 글을 쓴다. 삼국 시대와 신라에 특히
관심이 많다. 『중국 청화자기』, 『김유신 말의 목을 베다』를 지었다.

손광산

한국예술종합학교에서 애니메이션을 전공했다. 일러스트레이션과
만화 작업을 병행하고 있다. 그림 그리는 감각을 꾸준히 유지하고자
박물관과 미술관에 다니는 것이 취미다.

박물관 보는 법

# 박물관 보는 법

## 보이지 않는 것을 보는
## 감상자의 안목

황윤 글 · 손광산 그림

유유

# 박물관을 입체적으로 즐기기 위하여

우리는 언제 박물관을 찾게 될까. 유물을 통해 역사의 숨결을 느끼고 싶을 때, 훌륭한 작품으로부터 예술의 감동을 얻고 싶을 때가 아닐까. 이러한 '정신적인 향유'에 대한 요구는 더욱 넓고 깊어지고 있다. 박물관의 형태가 점점 종합 문화 센터로 발전하는 이유도 여기에 있다. 백화점이 몰Mall 개념으로 대형화되면서 복합 서비스 공간으로 탈바꿈하는 것과 같이, 박물관 또한 교육과 전시, 체험이라는 다양한 서비스 공간으로 거듭나고 있는 것이다.

실제로 그런 시도가 이루어지자 근래 들어 국립 중앙 박물관을 찾는 관람객은 매년 300만을 넘으며, 사립 박물관과 대학 박물관도 새로운 운영 방식으로 수만 명 이상의 관람객을 끌어들이고 있다. 불과 10여 년 전만 해도 박물관은 일반인들 사이에서 고리타분한 이미지가 강했으며 연구자를 비롯한 일부 애호가에게만 친숙한 공간이었다. 그러나 이제는 일반 대중에게도 친숙한 문화 공간으로 변화되고 있다. 특히 유럽의 문화 선진국의 경우 박물관을 찾는 계층이 주로 중장년층인 데 비해 한국은 비교적 젊은 층 관람객이 많은 편이다. 이는 젊은 계층이 문화에 대한 폭넓은 식견과 취향을 갖추었음을 대변한다. 이러한 흐름을 반영이라도 하듯 지역 곳곳에 다양한 분야의 박물관이 조성되기 시작했다. 관람 문화가 확산되면서 젊은 계층이 적극적으로 수용하는 추세다.

대중에게 사랑받는 박물관의 비결은 대개 두 가지로 나뉜다. 하나는 전시된 작품에 흥미로운 시대의 이야기가 담겨 있는 경우, 다른 하나는 공간이 간직하고 있는 사연이다. 이 중 시대의 이야기는 이미 수많은 책이나 자료로 소개되어 있다. 예를 들면 해당 작품을 누가 언제 만들었고, 그 속에 어떤 철학이 담겼는가 하는 등의 내용이 그것이다. 그에 비해 공간의 이야기, 즉 박물관 탄생 과정의 숱한 비화와 전시 운영 과정의 희로애락은 잘 알려져 있지 않다.

박물관은 전시 내용도 중요하지만 그 공간 자체도 의미가 있다. 같은 주제의 전시라도 박물관이 지닌 철학과 가치관에 따라 다양한 의미를 부여할 수 있기 때문이다. 실제로 동일한 전시물로 구성된 전시라도 분위기가 크게 다르게 느껴지는 경우가 많다. 더욱이 요즘은 유명한 소장품만큼이나 박물관 자체의 스토리도 흥행 요소가 되는 시대로, 박물관이 형성되기까지의 과정이 대중의 관심을 끌어 모으기도 한다.

이 책에서 필자는 근대 이후 이 땅의 박물관을 어떤 사람들이 어떻게 설립하고 운영했는지에 주목했다. 이를 통해 각 박물관이 어떠한 특성을 갖추게 되었는지 소개하여 한국의 박물관에 관한 많은 이야깃거리를 제공하고자 한다. 이 책을 읽은 독자는 박물관을 찾을 때 흥미로운 관전 포인트를 얻을 수 있을 것이다.

본문에 들어가기 전에 한 가지 짚고 넘어갈 대목이 있다. 박물관과 미술관의 호칭 문제이다. 서양에서는 박물관과 미술관을 따로 구별하지 않고 모두 뮤지엄Museum으로 통칭하고 있다. 전시관마다 전시 작품을 특정하여 근현대 미술을 중심으로 운영하는 경우도 뮤지엄 전시일 뿐이다. 반면 일본에서는 근대 이전 유물은 박물관에서, 근현대 예술은 미술관에서 전시하는 양상을 보인다. 한국은 일본의 영향을 받아 박물관과 미술관을 구분하기 시작했다. 한편 국가가 운영하는 박물관에 비해 개인이나 기업 소유의 사립 박물관이 소규모라는 사실 때문에 미술관이라는 호칭을 사용하기도 하는데, 이 또한 일본의 경향을 따른 것이다. 이 책에서는 가능한 한 미술관에 박물관의 개념으로 접근하되, 이미 고유명사로 자리 잡은 경우에는 미술관이라는 명칭을 살리기도 했다.

여기에 소개하는 다양한 박물관 이야기는 거의 설립 순

서에 따른다. 국립 박물관에서 시작하여 대학 박물관, 사립 박물관 설립으로 이어지는 흐름은 세계의 박물관 역사와도 궤를 같이하는데, 이는 국가의 발달 과정에서 공기업 이후에 사기업이 차츰 세력을 형성하는 흐름과 유사하다. 즉 박물관의 역사는 사회의 변화상과 같은 흐름 속에 있다고 할 수 있다. 이 사실에서 알 수 있는 것은 박물관이라는 공간에 반영된 시대상이다. 이러한 부분에 대해서도 책에 담아 보고자 했다.

개인적으로 이 책은 필자의 세 번째 작품이다. 인사동에서 경험한 고미술을 바탕으로 『중국 청화자기』라는 도자기 역사책을 처음 펴냈고, 이후 경주 등의 신라 유적지를 찾아다니며 김유신의 평전인 『김유신 말의 목을 베다』를 펴냈다. 이번 책은 인사동에서 고미술 관련 일을 할 때 부족한 지식을 보충하려고 박물관에 열심히 다녔던 경험을 토대로 했다. 짬이 날 때마다 공부 삼아 박물관과 전시회를 다니던 것이 어느덧 취미가 되었고, 그 즐거움을 계속 누리다 보니 책까지 쓰게 되었다.

"아는 만큼 보인다"는 말이 있다. 이 책이 독자들에게 박물관을 입체적으로 즐길 수 있는 계기가 되기를 바란다.

# 목차

# { 무덤 속에서 금닭이 운다 }

## 황금 머리의 전설

927년 음력 9월, 대구 팔공산 계곡. 견훤이 이끄는 후백제군은 5,000 병력의 고려군 진지를 급습하여 대승리를 거두었다. 그러나 그 승리의 대미를 장식할 단 한 명의 목숨만은 손에 거머쥘 수 없었다. 바로 고려의 왕, 왕건이었다. 후백제군은 왕건의 목을 베었다고 믿었지만 그들이 죽인 자는 전혀 다른 사람이었다. 왕건 대신 목숨을 잃은 자는 고려군의 수장 신숭겸이었다. 이미 적과의 싸움에서 전세가 불리함을 느낀 신숭겸은 왕을 살리기 위해 스스로 왕건의 투구와 갑옷을 입고 적의 눈을 속인 것이다. 결국 고려군을 완전히 포위한 후백제군이 승리의 기쁨에 취해 있을 때 왕건은 간신히 죽음의 늪에서 탈출할 수 있었다. 신숭겸의 지략 덕분에 목숨을 건진 왕건은 한 달 가까이 은신해 있다가 후백제군이 회군한 뒤에야 비로소 개성으로 귀환할 수 있었다.

개성으로 돌아온 왕건은 자기를 대신하여 목숨을 내놓은 신숭겸의 시호를 장절壯節이라 짓고, 그의 아우 신능길 및 아들 신보에게 원윤이라는 벼슬을 내려 주었다. 또한 그가 전사한 대구에 지묘사라는 사찰을 창건하여 그 혼령을 기렸다. 그 후 오랫동안 신숭겸은 고려 시조를 지켜 낸 충절의 상징으로 추앙되었고, 고려가 망한 뒤에도 존경을 받았다. 또한 조선 중기를 대표하는 명장 신립, 율곡 이이의 어머니인 신사임당, '시詩·서書·화畫 삼절三絶'로 알려진 신위 등의 후손들이 평산 신씨 가문을 빛냈다.

흥미로운 사실은 춘천에 있는 신숭겸의 묘가 세 개의 봉분으로 이루어져 있다는 점이다. 일설에는 부인들의 묘를 합장하면서 봉분이 세 개가 되었다고 하는데, 그보다는 신숭겸의 '황금 머리'를 보호하기 위해 봉분을 늘렸다는 설이 더 널리 퍼져 있다. 사실 세 개의 봉분에는 주군의 목숨을 살린 신숭겸에 대한 보은報恩의 사연이 얽혀 있다. 왕건은 신숭겸의 시신을 되찾아 장사를 지내면서 잘려 나간 머리 대신 황금 머리를 만들어 안장해 주었으며, 훗날 무덤이 파헤쳐질 것을 걱정하여 세 개의 봉분을 만들도록 했다는 것이다. 즉 세 개의 무덤 중 두 개는 가짜 무덤인 셈이다.

이와 같은 이야기는 신숭겸 묘지의 신도비에 그대로 쓰

여 있다. 신도비의 제작 시기가 1805년이었으니, 조선 후기에도 이 황금 머리 일화는 널리 알려져 있었던 듯하다. 그러나 비슷한 시기에 쓰인 『동국야언』에는 왕건이 신숭겸의 머리를 나무로 만들어 몸체와 함께 장사를 지냈다고 기록되어 있다. 이 기록이 사실이라면 봉분을 세 개로 만들 필요는 없었을 것이다. 한편 『고려사』 등의 정사에는 이와 관련한 언급이 없는 것으로 보아 평산 신씨의 문집인 「장절공유사」를 바탕으로 민간에 퍼진 여러 설화가 덧붙여지면서 이야기가 과장된 게 아닌가 싶다. 특히 조선 시대로 접어들면서 신숭겸의 가문이 고려 때보다 번성하였으며 숙종과 정조 치세에는 그를 기리는 사당까지 세워졌다는 사실을 감안할 때 이러한 추정에 무게가 실릴 수밖에 없다. 그런가 하면 『삼국지연의』에서 조조가 관우의 몸을 만들어 머리와 결합한 뒤 장례를 치렀다는 이야기와 유사한 점으로 미루어 볼 때 조선 중기에 널리 유행한 『삼국지연의』의 영향을 받았을 가능성도 있다.

물론 무덤에 안치된 신숭겸의 머리가 황금일 가능성을 완전히 배제할 수는 없다. 그러나 현실적으로 보면 충신의 공적을 강조하는 과정에서 과장된 이야기가 아닐까 싶다. 무엇보다도 황금으로 만들기에는 머리 부피가 너무 크기도 하고, 전란으로 인해 모든 물자가 부족했을 당시에 과연 그 많은 금을 구할 수 있었을까. 그럼에도 불구하고 신숭겸의 황금 머리에 관한 소문은 끊임없이 입에서 입으로 전해졌고, 그 덕분인지 평산 신씨 가문은 내내 위세를 떨쳤다. 그러나 구한말, 일본이 국권을 침탈하면서 신숭겸의 묘는 여러 차례 수난을 당했다.

일본인들은 한반도의 물자를 수탈하는 것으로도 모자라 이 땅의 문화까지 야만적으로 훼손했다. 값나가는 유물을 훔치려고 함부로 남의 무덤을 파헤치는 이른바 도굴의 전성시대가 도래했다. 일본인 도굴꾼들이 한반도 전역을 돌면서 연고 없는 무덤에서 고려청자나 금은 공예품 등을 캐기 시작하자 이 땅의 모든 무덤은 곧 무도한 도굴꾼의 표적이 되었다. 더욱이 신숭겸의 무덤은 황금 머리에 관한 소문이 자자했던 만큼 수차례 도굴이 시도되었고, 이에 따라 후손은 선조의 묘를 지키기 위해 근처에 천막을 치고 밤낮으로 경계를 서는 해프닝이 연출되었다. 그나마 이처럼 지켜 줄 후손이 있는 경우는 다행이었다. 생전에는 내로라하는 가문이었으나 안타깝게도 후손이 끊긴 경우, 그 조상 무덤은 험한 꼴을 면할 수 없었다.

당시 평양 박물관장을 지낸 고이즈미 아키오는 뻔뻔하게도 이렇게 말한 바 있다.

"조선 민족은 죽은 뒤 모욕당하는 것을 싫어하는 사상의 소유자들이다. 그러니 어지간히 하급의 무식자가 아니면 감히 도굴을 하지 않았을 것이다. 그렇기 때문에 현재에 이르기까지 조선의 고분이 비교적 잘 보존될 수 있었다."

묘를 정성스럽게 보존하는 조선의 유교적 가치관을 비

웃는 듯한 이 발언은 무엇을 의미하는가. 마치 보물 창고라도 되는 양 도굴을 획책한 것이 아니겠는가.


## 도둑놈 전성시대

일제가 을사늑약 체결 이후 본격적으로 조선을 침탈하면서 조선의 수많은 유물이 약탈되었다. 가장 직접적인 약탈 수법은 주인 없는 무덤을 파내는 것으로, 처음에는 후손이 없는 무덤을 겨냥했다. 특히 왕씨 성을 지닌 고려의 후손들은 조선 시대에 대부분 축출되거나 제거되었기 때문에 고려의 왕릉과 귀족 무덤은 관리가 더 허술한 상황이었다.

이렇게 쉽게 파헤쳐진 분묘 안에는 고려를 대표하는 도자기인 청자를 비롯하여 다양한 부장품이 고스란히 간직되어 있었다. 본래 고려청자의 푸른빛은 『고려도경』이나 『수중금』에서도 천하제일의 비색秘色이라 찬탄했던 만큼 도굴꾼들에게는 좋은 표적이었고, 치욕적인 방식으로 세상 밖으로 끌려나온 고려청자는 소장가들의 시선을 사로잡기에 충분했다.

"한인 도적과 일인 도적이 오래된 무덤을 파고 고려자기를 도적질하여 가는 경우가 종종 있어 자손이 있는 무덤에는 밤마다 무덤을 지킨다고 한다."

『대한매일신보』의 기사(1909년 11월 18일 자)는 당시의 도굴 현황을 잘 말해 준다. 처음에는 주로 일본의 규슈 지역에서 온 하층민들이 도굴꾼으로 나섰으나 어느 순간부터는 품값이 싼 조선인까지 일꾼으로 동원되었다. 생활고에 시달리던 조선인들은 결국 제 손으로 조상의 무덤을 파헤치는 지경에 이른 것이다. 도굴 작업은 신속하고 효율적으로 진행되었으며, 때로는 굳건히 닫힌 입구를 뚫기 위해 다이너마이트까지 사용되었다.

1904년, 일본인 요시쿠라 본노는 다음과 같은 말을 했다. "고려자기의 우수품은 서양 각국에서 적어도 수백 원의 가치가 있는데 이 나라에서는 최상품이 10원 정도였다. 너무도 바보 같았다. 그런데 더 싸게 사고 싶으면 고분이라고 생각되는 곳을 탐사하고 그곳을 매입한 뒤 지하에 묻혀 있는 것을 찾으면 된다. 고분이 있는 토지라 해서 그 값이 비싼 것도 아니다."

조선의 무덤에서 훔친 고려청자를 서양에 내다 팔면 열배 이상의 수익을 올릴 수 있다는 말을 대놓고 하는 것으로 보아 당시 도굴이 얼마나 각광받는 사업이었는지 짐작할 수 있다. 그 시대 기록에 따르면 도굴과 장물 거래로 생계를 유지하는 이들만 해도 수백 명에 달했다고 하니, 도굴로 인한 문화재 수탈과 훼손은 또 얼마나 심각했겠는가.

일본은 왜 그토록 조선의 유물에 열중한 것일까? 적어도 조선의 골동품에 대한 순수한 열정 때문은 아니었다. 그보다는 자본의 축적이 더 시급한 과제였을 것이다. 일본은 메이지 유신을 통해 아시아에서 가장 먼저 근대화를 이루었지만 근대화에 크게 앞선 서구를 뒤쫓는 입장이었기 때문에 더 많은 기술과 자본이 요구되는 상황이었다. 그러한 점을 고려할 때 식민지 조선은 이용 가치가 가장 큰 대상이었을 것이다.

실제로 도굴된 많은 고려청자들은 일본을 거쳐 해외로 수출되었다. 그리고 그 사업의 최전선에 야마나카 상회가 있었다. 1894년 설립된 후 일본 골동업계의 신화적 기업으로 성장한 야마나카 상회는 영국, 프랑스, 미국에 지점을 차리고 꽤 적극적인 판매 방식을 선보였다. 전시하기에 앞서 품목 하나하나 사진과 해설을 곁들인 도록을 제작하여 고객들에게 보내고, 전시 당일에는 각각의 고객을 위한 맞춤형 서비스로 호응을 얻었다. 요즘 미술 시장에서 활용하는 방식과 크게 다르지 않은 장사 수완으로 야마나카 상회는 서구의 부자들에게 수많은 동아시아 골동품을 팔아넘겼다. 때마침 영국, 프랑스, 미국 등지에서는 정부와 기관 단체뿐만 아니라 부호들까지 박물관 사업에 뛰어들었고, 박물관들은 다양한 볼거리를 마련하기 위해 세계 각 지역의 유물을 닥치는 대로 구입하기 시작했다.

이렇듯 일본을 통해 동아시아 골동품이 서구의 미술 시장으로 반출되는 경로가 형성되자 한반도에서 도굴된 숱한 유물들도 속속 해외로 빠져나갔다. 그로 인해 오늘날 해외로 유출된 우리 문화재를 환수하는 작업에서 야마나카 상회의 거래 목록은 가장 중요한 단서가 되었다.

나라가 어지러울 때는 양심을 저버리고 자기의 이익만을 취하는 자들이 판을 치는 법이다. 일제에 합세하여 동족을 짓밟았던 조선인들이 바로 그러한 풍경의 주인공이다. 예컨대 문명 상회 이희섭 같은 자는 우리의 고미술품을 일본인에게 팔아 치우는 데 아무런 거리낌이 없었다. 그가 도굴꾼을 통해 일본으로 유출한 유물은 1만 4,000여 점에 달하는데, 이 사실만 보더라도 당시 조선 땅에서 문화재 약탈이 얼마나 극심했는지 충분히 짐작된다.

인간으로서 일말의 양심과 죄의식을 팽개친 도굴꾼들은 점점 대담해져 대낮에도 무덤을 파헤치기 시작했다. 무덤을 관리하는 후손이 있든 없든 개의치 않았다. 개성과 강화도의 수많은 고분들은 이전의 형태를 알아볼 수 없을 정도로 파헤쳐졌고, 더러는 두세 차례 연달아 도굴되는 치욕을 당하기도 했다. 도굴된 고분들은 마치 폭격이라도 맞은 것처럼 무너져 내렸고, 유물 가치가 없는 부장품마저도 마구 흩트려놓아 본래의 위치마저 알 수 없게 되었다. 이는 돈으로 환산할 수 없는 역사의 훼손이었다.

개성 주변의 무덤이 남김없이 도굴되고 난 다음에는 평양의 낙랑 고분으로 이어졌다. 1,300여 기의 무덤 중 도굴을 면한 경우는 140기뿐이라 하니, 열에 아홉이 훼손된 셈이다. 나주와 경상도 등에 위치한 가야 고분들의 경우는 제대로 보존된 고분이 어느 정도인지 파악조차 어려울 정도였다. 다만 경주 지역의 신라 고분은 특유의 복잡한 구조 덕분에 도굴꾼의 손길을 어느 정도 면할 수 있었다. 그러나 도굴꾼의 손길이 아직 미치지 않은 고분은 미래의 보물 창고였다. 언제든 손만 집어넣으면 되는 주머니와 같은 것이었다. 아닌 게 아니라 일제 강점기에 평양의 박물관장을 지낸 고고학자 고이즈미 아키오는 '무덤 속에서 금닭이 운다'는 전설의 고분을 찾기 위해 도굴꾼들이 한반도 전역을 샅샅이 뒤졌음을 자인한 바 있다.

아이러니한 것은 당시 30여 년간 집중적으로 도굴된 수많은 유물들이 이후 100여 년 동안 한반도의 골동과 미술 시장을 지탱하는 원천이었다는 사실이다. 근대적인 미술 시장이 이 땅에 처음 형성된 것 역시 일제 강점기였다. 강화도 조약을 통해 강제로 문호가 개방되었듯이 한반도의 근대 미술 시장 또한 타의에 의해 형성되었고, 이때부터 도굴된 유물들이 금전으로 교환되기 시작했다.

# { 최초의 근대 박물관 }

## 마지막 황제의 결단

"어찌 시체와 함께하던 물건들이 궁궐 내에 전시되어야
한단 말이오?"

1907년, 순종 황제 앞에서 여러 대신이 열띤 논쟁을 벌
이고 있었다.

고종이 일제에 의해 강제로 퇴위되고 그를 따르던 신하
와 궁궐 사람들이 대규모로 숙청되면서 조선은 국가 멸망
의 암울한 소용돌이에 휘말려 들고 있었다. 그런 가운데
난데없는 논란거리가 부상했다. 창덕궁 안에 왕실이 주도
하는 박물관을 건립하는 사안이었다.

이 이야기를 본격적으로 시작하기에 앞서 한 가지 사실
을 짚어 볼 필요가 있다. 박물관은 언제 생겨났을까? 우선

박물관의 사전적 정의를 보자.

"고고학적 자료, 역사적 유물, 예술품, 그 밖의 학술 자료를 수집·보존·진열하고 일반에게 전시하여 학술 연구와 사회 교육에 기여할 목적으로 만든 시설."

이와 같은 정의에 근접한 내용을 갖춘 최초의 박물관은 기원전 3세기경 이집트 수도 알렉산드리아의 궁전 무세이온Museion이다. 이곳에는 강당과 도서관, 연구동, 동물을 관찰하기 위한 여러 장치, 천문天文 설비와 함께 각종 편의시설까지 완비되어 있었다고 한다. 그러한 내력으로 인해 무세이온은 오늘날 '뮤지엄'museum이라는 단어의 어원이 되었다.

한반도의 삼국 시대에도 알렉산드리아의 박물관과 유사한 기관이 있었다. 실질적으로는 왕궁의 보물 창고 기능에서 한 발자국 나아간 정도였으며 궐내 기관이었기에 출입할 수 있는 사람은 엄격히 제한돼 있었다. 그러나 박물관의 정의를 근대적 의미로 축소시킨다면 한반도 박물관의 역사는 매우 빈약하다. 근대적 의미의 박물관이란 그 주체가 왕실이든 국가든 개인이든 간에 문화 유물을 '대중에게 공개'한다는 데 의미를 두고 있기 때문이다. 서양의 경우 17세기 후반, 네덜란드령 인도네시아와 영국령 인도 등에서는 19세기 전후, 일본에서는 19세기 후반에 처음으로 근대적 의미의 박물관이 등장했다.

구체적으로 소개하자면 1682년 영국의 한 개인 소장가가 자신이 수집한 유물을 옥스퍼드대학교에 기증하면서 '뮤지엄'이라는 이름이 처음 사용되었고, 1753년에는 슬론 경卿의 소장품을 기증받은 대영 박물관이 설립되었다. 프랑스에서는 1793년 루브르 궁에 회화 작품이 전시되기 시작했고, 미국에서는 1870년 메트로폴리탄 박물관, 1876년 보스턴 미술관 등이 설립되면서 본격적인 박물관 시대가 열렸다. 일본에서는 1882년 도쿄 국립 박물관이 설립되었다. 이러한 과정을 보면 근대화의 순서와 박물관의 탄생은 동일한 궤적을 그리고 있는 듯하다. 그래서일까? 박물관의 상징성은 늘 근대화 이념 논쟁의 중심에 있었다.

이제 다시 조선의 왕립 박물관을 둘러싼 정치 상황을 살펴보자. 1907년 조선에서는 박물관 건립을 기준으로 이전과 이후를 전근대와 근대로 규정하는 문제를 놓고 논쟁이 벌어졌다. 사실상 궁궐 안에 왕립 박물관을 건립하는 사안 자체는 근대화라는 명분을 내세운 일본의 식민 지배 정책으로, 그 논란의 배경을 좀 더 깊이 들여다보면 결국 우리의 근대화는 민족 수난의 역사이기도 하다.

앞서 네덜란드 헤이그에 특사를 보낸 고종은 이토 히로부미의 주도로 조선의 외교권을 박탈한 을사늑약이 불법적인 강제 조약임을 만방에 천명코자 했다. 이 거사가 실패로 돌아가자 일제는 고종을 강제로 퇴위시키고 순종을 즉위케 했다. 그로 인해 전국에서 대규모 의병 운동이 일어났고, 학생들은 동맹 휴교를 벌였다. 이에 일본은 조선인의 분노가 확산되는 것을 막기 위한 국면 전환용 이슈가 필요했고, 그중 하나가 바로 왕실 박물관 건립안이었다. 일제는 이 사업을 조선의 본격적인 근대화 공정으로 내세움으로써 자연스럽게 조선 왕조를 낡은 '전근대'로 몰아 세웠다. 결국 박물관 건립을 둘러싼 근대화 논쟁이란 것도 치밀하게 계산된 정치적 속셈이었을 뿐이다. 더욱이 새롭게 제위에 오른 순종이 창덕궁 내 박물관 건립을 주도하도록 강제함으로써 일제는 조선의 근대화를 지원한 선진국의 지위를 확보하고자 했다. 당시 박물관 건립을 반대한 이들은 "무덤 속 물건 전시는 불가 또는 일반인이 흙 묻은 발로 궁궐에 출입하는 일의 부당함" 등의 명분으로 대항했지만 일반 대중을 위한 전시라는 논리를 앞세운 일제의 술책을 감당할 수는 없었다.

결국 순종은 "옛 성현의 예를 보아도 명군名君은 백성과 함께 즐기었다"는 명분으로 박물관 건립을 승인하기에 이르렀다. 이것이 한국 최초 박물관인 이왕가 박물관李王家博物館의 설립 배경이다. 처음에는 황실이 주도했다 하여 제실帝室 박물관이라 불렀으나 한일 병합 후 이왕가 박물관으로 격하되었다. (보통 '이왕가 박물관'으로 지칭되어 온 점을 고려하여 여기서도 이 명칭을 사용하기로 한다.)

이렇듯 극심한 정치적 사회적 혼란의 와중에 근대와 전근대 논란의 뜨거운 감자였던 박물관은 1909년 11월 1일 드디어 조선 최초의 근대 박물관으로서 일반인에게 공개되었다. 이날은 박물관 건립에 적극 개입했던 이토 히로부미가 안중근 의사에 의해 사살된 지 닷새 뒤였다.

이듬해인 1910년 8월 대한제국은 통치권을 상실했고, 즉위 후 업적이라야 박물관 건립이 고작이었던 순종 역시 황제의 지위에서 왕으로 강등되어 창덕궁에서 조용히 지내야 했다.

이렇듯 한반도 최초의 근대 박물관은 가장 불운한 시기에 탄생했다. 더욱이 전시 유물 또한 대부분 도굴꾼에 의해 파헤쳐진 무덤에서 끌려 나온 것이었다. 그나마 다행스러운 점이 있다면, 이왕가 박물관이 있었기에 헐값에 장물로 팔려 나가던 유물을 어느 정도 보호할 수 있었다는 사실이다. 역사의 아이러니가 아닐 수 없다.


## 유물 카드에 적힌 '덕수'의 비밀

용산에 위치한 국립 중앙 박물관 3층에는 고려청자 전시관이 마련되어 있다. 교과서나 미술책에서 보았던 상감청자, 순청자 등의 다양한 유물을 감상할 수 있어 관객의 만족도가 가장 높은 전시실이기도 하다. 고려청자는 예나 지금이나 한반도의 탁월한 예술성을 세계적으로 알린 대표 문화재로서, 그 섬세한 세공과 특유의 비색으로 인해 오늘날까지 명품으로 평가되고 있다. 더욱이 청자가 제작되던 그 무렵 세계에서 자기를 사용하는 나라는 중국 외에 고려와 베트남 정도였기 때문에 청자는 곧 선진 문명을 상징하는 품목이었다.

그런 고려청자들은 어떻게 국립 중앙 박물관에 소장될 수 있었을까? 그것은 일제 강점기에 건립된 이왕가 박물관이 1969년 국립 중앙 박물관으로 통합되었기 때문이다. 그동안 이왕가 박물관은 유물들이 도굴되어 일본을 비롯한 해외 각국으로 유출될 당시 그 흐름을 끊고 국내에서 거래될 수 있는 결정적인 계기를 마련해 주었다. 국립 중앙 박물관에 가면 그 흔적을 찾아볼 수 있다. 예컨대 고려청자 앞에는 유물 카드가 놓여 있는데, 그 내용을 유심히 살펴보면 '덕수'라는 별칭이 붙어 있는 경우가 있다. '덕수'란 조선 말기 창덕궁에 건립된 이왕가 박물관이 일제 강점기 시절 덕수궁으로 옮겨진 수집품임을 뜻하는 표시이자, 조선 말기부터 일제 강점기까지 이왕가 박물관이 수집한 유물임을 뜻한다. 사실 고려청자 외에도 서예, 서화, 불교 미술, 금속 공예 등의 웬만한 유물에는 '덕수'라는 별칭이 붙어 있다.

이 사실로 새삼 헤아릴 수 있는 것은 박물관에 대한 순종의 노력이다. 일제의 압력에 못 이겨 박물관 건립을 수락했지만 순종은 박물관의 내실을 최대한 다지려는 의지를 품고 있었다. 물론 일제의 내정간섭으로 인해 제대로 정사를 펼칠 수 없었던 점도 하나의 계기가 되었겠지만, 절치부심하여 박물관을 통해 이 땅의 얼이 담긴 문화유산을 지켜 내려 노력한 것이다. 결국 이왕가 박물관은 민족의 자존심을 지키는 역할을 한 셈이다.

1908년부터 1917년까지 왕실이 수집한 유물의 규모는 무려 1만 122점이나 되며, 구입비로 쓴 금액만 해도 21만 원이었다. 이 기간에 구입한 유물이 현재 국립 중앙 박물관에서 '덕수'로 표기된 소장품의 91퍼센트 정도라 하니, 10년간 유물 수집에 얼마나 정성을 들였는지 짐작할 수 있다. 각각의 유물에도 만만치 않은 비용이 지불되었다. 초기에 이왕가 박물관에서 구입한 20점 중 하나로 알려져 있는 포도 동자무늬 표주박 모양 주전자는 당시 950원에 매입되었는데, 이 금액은 당시 서구에서 판매되는 고려청자의 액수보다 높은 수준이었다.

이렇게 비싼 값에 사들인 데는 이유가 있다. 애초에 웃돈을 얹어 구매함으로써 시장에 나도는 유물들을 이왕가 박물관 쪽으로 끌어들이고자 한 것이다. 그런 만큼 시장에서도 즉각 반응이 나타났다. 해외에 팔려면 이런저런 비용과 위험부담을 감수해야 할뿐더러 매입자를 찾아내기도 간단치 않았기 때문에 이왕이면 국내에서 거래하는 편이 유리했던 것이다. 더욱이 그 대상이 이왕가 박물관이라면 더할나위 없이 좋은 조건이었다. 사람들은 이 호기를 놓칠세라 모여들었다. 금융업, 건설업에 종사하던 일본인부터 골동

상인까지 자신들이 수집한 유물들을 이왕가 박물관에 대량으로 내놓기 시작했다.

현재 국립 중앙 박물관에 남아 있는 유물 구입 기록을 보면, 당시 유물 매매 건수로 10위권에 드는 매도자 중 조선인은 단 한 명이었고 나머지는 모두 일본인이었다. 그 한 명의 조선인도 비석 탁본 상인으로, 고려청자와 같은 도굴 유물을 취급하지는 못했다. 이런 정황을 볼 때 당시 한반도에서 일본인과 조선인의 경제적 격차가 얼마나 심각했는지, 그리고 미술 시장이 얼마나 왜곡되어 있었는지 짐작할 수 있다.

최초의 박물관 건립 후 10여 년간 수집된 소장품 중 가장 소중한 보물을 꼽는다면 아마도 동양의 '생각하는 사람'으로 유명한 금동반가사유상金銅半跏思惟像(국보 83호)일 것이다. 현재 국립 중앙 박물관에서 전시실 하나를 단독으로 차지하는 작품은 흔치 않은데, 1층에 자리한 신라 금관과 3층에 자리한 반가사유상만이 그 혜택을 누리고 있다. 삼국 시대 말기(7세기) 문화의 최고 진수로 평가되는 이 유물은 1912년 일본인 고미술상에게 2,600원이라는 거금을 지불하고 이왕가 박물관이 구입한 것이다. 당시의 쌀값 시세를 기준으로 환산하면 대략 4,000만 원 정도로, 산업화가 이루어지지 않았던 식민지 시대라는 점을 고려할 때 대략 5~7억 원에 해당하는 금액이다. 당시 이러한 거액을 문화재 한 점에 투척할 수 있는 곳은 오직 이왕가 박물관뿐이었다.

금동반가사유상을 소유하고 있던 일본인 고미술상은 경주 남산 기슭에 있는 어느 절에서 찾아낸 이 유물을 40원이라는 금액에 사들였다고 하니, 이왕가 박물관은 65배나 높은 값을 치르고 넘겨받은 셈이다. 그러나 그렇게 해서라도 소장하지 않았다면 반가사유상은 다른 유물처럼 해외로 반출되는 신세를 면치 못했을 것이다. 도난된 우리의 유물을 거액에 사들여야 했던 당시 현실을 생각하면 분통이 터지지만 나라 밖으로 흘러 나갔다면 더 큰 한을 남겼을 것이다. 이것이 문화재의 가치다.

우여곡절 끝에 한반도에 남게 된 금동반가사유상의 예술성은 세계에서도 높이 평가되고 있어 이제는 감히 금전으로 가치를 매길 수 없는 위상을 지니게 되었다. 2013년 측정된 보험 평가액만 해도 500억 수준이니, 이왕가 박물관의 과감한 투자는 충분한 성과를 거둔 셈이다.

이왕가 박물관은 일본인이 가져간 상당한 양의 주요 문화재를 입수함으로써 한반도 최초의 박물관이자 역사 체험의 현장으로 명성을 얻기 시작했다. 1935년 당시 총 관람인원은 76만 명으로, 일본 제국의 영토로 인식되던 일본·조선·대만에 세워진 박물관 중에서 한 해 관람객 수로 3위를 기록할 정도였다. 일본 본토의 박물관을 제외하면 가장 큰 규모였다.

그런 의미에서 이왕가 박물관은 당시 조선인에게 각별

한 곳이었다. 한반도의 단절된 전통과 역사를 되새길 수 있는 상징적 공간으로서, 나라 잃은 백성에게 남다른 애착을 불러일으켰다. 이에 일본은 이왕가 박물관을 조선총독부 소속 박물관으로 편입시키려는 꼼수를 썼지만 그럴 때마다 조선인들은 극렬한 반대 여론을 형성하여 이왕가 박물관을 독립적 기관으로 지켜 냈다. 그래서일까? 지금도 국립 중앙 박물관의 유물 카드에 적힌 '덕수'라는 표기를 보면 백성과 함께 즐기겠노라고 말했던 순종의 마지막 의기가 느껴지는 듯하다.

이렇듯 국내 최초의 근대 박물관은 비록 일본의 정치적 목적에서 설계되었으나 유물을 하나씩 채워 나가는 과정을 통해 결국은 우리의 문화유산을 지켜 내는 총본산이 되었다.


## 데라우치 총독의 반가사유상

이 무렵 뜻하지 않게 또 하나의 반가사유상을 품에 넣을 수 있었다. 얼핏 보면 우연의 일치로 보이지만 섬세히 들여다보면 박물관에 숨결을 불어넣었던 순종의 의지와 무관치 않다.

이왕가 박물관이 대대적으로 문화재를 구입하며 그 위

상을 갖춰 가고 있을 때 조선총독부도 1915년 12월 1일 자신들의 박물관을 짓겠노라 선언하고 나섰다. 조선총독부 박물관이라는 채널을 통해 식민지 병합 5년간의 다양한 성과를 대외적으로 홍보할 목적이었다. 서구의 앞선 제국주의 국가들이 그러했듯이 박물관은 식민지의 선진적 관리를 홍보하기에 적합한 장치였기 때문이다.

조선총독부 초대 총독인 데라우치 마사타케가 주도한 박물관 건립은 빠르게 진행되었다. 자신의 취임식 연설에서 "조선인은 일본 통치에 복종하든지 죽든지 하나를 택해야 한다"라고 했던 그는 총과 칼로 식민지 조선을 제압한 인물이었다. 한편 그는 문화 애호가임을 자처하며 수많은 조선의 문화재를 수집하기 시작했다. 시대를 막론하고 문화 예술은 어떤 인물의 부정적 이미지를 희석해 주는 용도로 악용되곤 했는데, 역사상 독재자 중에 문화 예술 애호가가 많은 것도 이 때문이다.

조선총독부는 경복궁 동쪽에 위치한 세자궁을 허물고 그 자리에 박물관을 건축했으며, 궁 전체를 박물관 공원으로 삼았다. 이로써 조선 최초의 궁궐로서 오랫동안 법궁法宮의 지위를 지켜 온 경복궁은 한낱 대중 공원으로 전락하고 말았다. 이는 형식적으로나마 조선 왕실이 주도하여 이왕가 박물관을 창덕궁에 들인 경우와는 차원이 달랐다. 우리 민족은 경복궁 내에 조선총독부 박물관이 들어서고 공원화되는 모습을 지켜보며 큰 치욕을 느낄 수밖에 없었다.

이는 조선이라는 나라가 완전히 역사의 뒤안길로 사라졌음을 증명하는 사건이었기 때문이다.

곧이어 유물 확보를 위해 1916년 '고적 및 유물 보전 규칙'이 공포된다. 이전과 달리 모든 출토 유물을 총독부가 직접 관리한다는 내용이었다. 이것은 박물관에 전시될 유물을 확보하기 위한 것이기도 했지만 도굴이 심각한 사회 문제가 되자 이를 법으로 제어하려는 취지도 있었다. 그러나 이러한 법령을 비웃기라도 하듯 도굴은 버젓이 성행하고 있었다.

초기에 조선총독부 박물관이 수집한 유물은 3,000여 점으로, 당시 이왕가 박물관이 소장한 규모에 비하면 적은 수량이었다. 그러나 무소불위의 행정력을 앞세운 유적 조사라는 명목 아래 전국 각지의 고분 유물 및 석탑, 비석 등을 수색하여 경복궁 내로 옮기기 시작했다. 그리하여 1930년대 말에는 1만 4,000점이 넘는 막대한 전시품을 유치하는데 성공한다. 해방 후 이 유물들은 국립 중앙 박물관에 귀속 전시되었는데, 총독부 박물관에 있던 유물들은 유물 카드에 '본관'이라고 표기되어 있다. '본관'이란 한때 조선총독부에서 관리했던 유물을 의미한다.

조선총독부 박물관이 본격적으로 운영될 무렵 총독 데라우치 마사타케는 본국의 총리로 임명을 받아 한반도를 떠나게 되었다. 그리고 자신이 수집했던 수많은 유물을 본국으로 가져 갈 수 없어 총독부 박물관에 기증하기로 했다. 그런데 이 기증 유물 중에는 놀라운 작품이 포함되어 있었다. 바로 오늘날 국보 78호로 지정된 또 다른 금동반가사유상이었다. 국보 83호와 비교할 때 이 금동반가사유상은 화려한 보관寶冠을 썼고 몸이 날렵하며 세부 묘사가 정밀한데, 6세기 말경 중국 동위의 영향을 받아 완성도 높게 제작된 것으로 보인다. 반면 담백한 맛이 느껴지는 국보 83호의 디자인은 중국 북제의 영향을 받아 도상에 대한 이해가 깊어지고 자신감을 얻으면서 7세기 초반 독자적으로 해석된 것으로 추정된다.

그렇다면 이 귀한 반가사유상은 어떻게 총독의 손에 들어간 것일까?

경상도 안동에서 출토된 것으로 알려진 반가사유상은 일본인 고미술 소장가의 손에 들어갔다가 1912년 데라우치 마사타케에게 상납되었다. 아마도 조선에서의 불법적인 수탈을 보장받기 위한 일종의 보험 같은 것이었다. 데라우치 마사타케는 이렇게 손에 넣은 반가사유상을 한동안 총독 관저에 두고 감상하다가 본국으로 돌아가기에 앞서 1916년 4월 박물관에 기증했는데, 이는 양심에 따른 것이 아니라 유물을 반출할 수 없어 포기한 것이었다.

재미있는 것은 이 과정에 뜻하지 않게 이왕가 박물관이 개입되어 있다는 사실이다. 1912년 이왕가 박물관이 반가사유상을 2,600원이라는 거금에 구입하여 박물관에 전시했다는 소식은 당시 조선 사회에서 커다란 이슈가 되었고,

## 1909

### 이왕가 박물관

현 국보83호 금동반가사유상은
이왕가 박물관의 상징이었던 반면,

금동반가사유상

## 1915

### 조선총독부 박물관

현 국보78호 금동반가사유상은
조선총독부 박물관의 상징이었다.

금동반가사유상

실제로 일제 강점기 당시 반가사유상 신드롬이 일었다. 예컨대 삼국 시대에 한반도나 중국에서 제작한 반가사유상은 구하기 쉽지 않았던 만큼 크기에 관계없이 다른 유물보다 높게 평가되었다. 그런 와중에 이왕가 박물관 소장품과 동일한 가치를 지닌 유물을 총독이 본국으로 가져가기에는 부담이 적지 않았을 것이다. 게다가 조선에서 구축한 긍정적 이미지, 즉 문화 애호가 총독이라는 이미지에 금이 가는 사건이 벌어지면 곤란한 데다 일본 총리로 지명된 처지에 사소한 구설에 휘말리는 건 위험한 일이었다.

물론 그렇다고 해서 총독이 소장품을 다 내놓은 것은 아니다. 부피가 작거나 크게 문제가 되지 않을 만한 소장품은 대거 일본으로 가져갔고, 훗날 이를 토대로 하여 자기 고향인 야마구치현에 개인 기념관까지 세웠다. 유물에 대한 그의 탐욕과 집착이 느껴지는 대목이다.

그가 남기고 간 반가사유상의 몸값은 대폭 상승했다. 이는 앞서 이왕가 박물관이 다른 반가사유상을 고가에 매입한 영향이었고, 해외 반출이 더 어려워졌다. 이는 예상치 못한 결과였다. 순종이 이것을 의도했을 리는 없지만 2,600원으로 무엇과도 바꿀 수 없는 반가사유상 두 점을 지킨 셈이니 혁혁한 성과가 아닐 수 없다.

# 여섯 번의 유랑 끝에 정착한
# 국립 중앙 박물관

　이왕가 박물관과 조선총독부 박물관은 일제 강점기 시절 한반도를 대표하는 근대 박물관으로 이용되었으나 그 한계도 분명했다. 앞서 보았듯 설립 기획부터 운영의 모든 과정까지 일제의 식민 지배 전략의 일환으로 진행되었기 때문에 박물관은 한반도를 중국과 일본의 주변부 역사로 바라보는 식민 사관에 충실했으며, 그러한 가치관을 보급하는 데 일조했다.

　더욱이 이왕가 박물관은 일제 강점기에 덕수궁 석조전으로 이관되면서 박물관이라는 명칭조차 쓰지 못하고 '이왕가 미술관'으로 격하되고 말았다. 이는 조선 왕실이 관계된 이왕가 박물관을 아예 사설 미술관으로 강등시킴으로써 조선총독부가 관리하는 조선총독부 박물관을 한반도 유일의 박물관으로 내세우기 위한 전략이었다. 이러한 조치는 한민족의 독립을 염원하는 민족정신을 말살하기 위한 교묘한 책략이기도 했다.

　1945년 드디어 일제로부터 해방되자 정부는 조선총독부 박물관을 인수하여 국립 박물관으로 개편했다. 이해 12월 3일 김재원 관장의 주도로 박물관 조직을 정비하기 시작했으나 새 조직이 제대로 작동되기도 전에 한국전쟁이 발발하여 국립 중앙 박물관은 어느 한 곳에 자리 잡지 못한 채 정처 없는 유랑 생활을 해야 했다. 60년간 여섯 번이나 이동을 해야 했으니, 세계 박물관사에서도 유례가 없는 기록이다. 그러나 이러한 기록조차 역사적 수난의 한 과정인 만큼 그 유랑의 경로를 확인할 필요가 있다.

1945년 경복궁 내의 옛 조선총독부 박물관 자리에서 시작된 국립 중앙 박물관은 한국전쟁 직후인 1954년, 민족박물관이 있던 남산에 새로운 터전을 마련했다. 그러나 남산 공간은 너무 협소하여 부산에서 유물을 보관하는 이중 체제로 운영될 수밖에 없었다. 이뿐만 아니라 전시장 규모까지 비좁아 상설 전시도 제대로 하지 못했다. 전쟁으로 폐허가 되어 버린 수도 서울에는 국가의 유물들을 보관할 건물 하나 남아 있지 않은 형편이었다.

그 후 1955년에 덕수궁 석조전으로 이전하면서 다소 여유 있는 공간을 확보할 수 있었다. 여전히 협소하여 일부 유물은 부산 관재청 창고에 보관하는 형편이었지만, 조직을 정비할 여유를 얻고 독자적으로 박물관을 운영할 수 있게 되었다. 석조전으로 이전하는 과정에서 명칭은 '덕수궁 미술관'으로 바뀌었고, 이왕가 박물관의 유물을 함께 전시함으로써 국립 박물관의 구색을 갖추게 되었다.

그 후 1972년 경복궁 동쪽에 특이한 건축물이 하나 지어지면서 국립 박물관은 또다시 이삿짐을 쌌다. 바로 지금의 국립 민속 박물관 공간이다. 이는 한국의 전통미를 되살리겠다는 취지 아래 추진된 종합민족문화센터 건립 사업으로, 박정희 정권 당시 진행되었다. 그런데 한국의 전통미를 자랑하는 요소를 모두 결합해 놓았음에도 불구하고 이 건축물은 괴상한 형태로 나타났다. 자세히 살펴보면 불국사의 청운교와 백운교가 기단을 이루고 있고, 그 위에는 법주사의 팔상전, 금상사의 미륵전, 화엄사의 각황전이 재현되어 있는데, 부분적으로는 아름다운 구석이 있을지 몰라도 종합적으로는 정체불명의 건물이 되어 버린 것이다. 누군가는 이에 대하여 '건축계의 프랑켄슈타인'이라 혹평하기도 했다. 가장 한국적인 것을 만들겠다는 과욕이 부른 참사가 아닐 수 없다. 어쩌면 그 모습은 당시의 문화 수준을 보여 주는 척도가 아닐까 싶다.

어쨌거나 이전보다 넓어진 전시장과 수장고 덕분에 이 새로운 공간은 국립 중앙 박물관으로서 15년간 역량을 발휘했다. 좀 더 다양한 유물을 기반으로 한 다채로운 기획전들이 열렸으며, 특히 한국의 전통 문화를 깊이 탐구할 수 있는 전시 기획들이 개발되어 민족의 정체성과 고유성에 대한 인식의 지평을 넓힐 수 있었다. 실제로 이 무렵부터 국내 역사학계와 예술계는 식민 사관으로부터 벗어나 주체적으로 자료를 해석하고 연구하는 작업을 축적하기 시작했다.

이후 아시안 게임이 개최된 1986년, 국립 중앙 박물관은 다시 옛 조선총독부 건물로 이전되었다. 해방 이후 조선총독부 건물은 한동안 중앙청이라 하여 행정관청으로 이용되었는데, 행정부처를 광화문 청사와 과천 등으로 이전한 뒤 300억 원을 들여 이 건물을 국립 중앙 박물관으로 개조한 것이다. 처음에는 이 결정에 반대하는 주장도 많았다. 식민지 시대를 상징하는 일제 건물 안에 우리의 유물을 전시한다는 건 어불성설이라는 의견이었다. 그러나 당시로서는 새 박물관을 건축할 예산도 부족했고, 공간 규모도 박물관으로 활용하기에 안성맞춤이었다. 이 공간에서는 비교적 다양한 상설 전시와 규모 있는 특별 기획 전시가 많이 열렸는데, 특히 우리의 전통 문화유산뿐 아니라 실크로드 미술전, 스키타이 황금전, 알타이 문명전 등 해외 문화유산을 소개하는 기획 전시도 마련되었다. 이런 전시의 면모를 보면 우리 국민의 시선이 한반도를 넘어 세계로 향하기 시작했음을 알 수 있다.

그러나 언제까지나 예산을 핑계로 식민 지배의 상징인 조선총독부 건물에 머물 수는 없었다. 오랜 논의 끝에 용산에 부지를 마련하여 어엿한 국립 박물관을 짓기로 결정되자, 오욕의 역사를 상징하던 조선총독부 건물은 비로소 철거되었다. 이로써 국립 중앙 박물관은 또다시 임시 공간으로 이전하는 신세가 되었다. 1996년 경복궁 서쪽에 위치한 사회 교육관 건물(현 국립 고궁 박물관)로 옮겨 8년간의 옹색한 더부살이를 한 끝에 2005년 10월 28일, 용산의 국립 중앙 박물관이 개관되었다. 30만 제곱미터의 넓은 공간에

4,093억 원의 건설비를 들여 다양한 전시실을 갖춤으로써 명실상부한 '국립' 박물관이 탄생한 것이다.

국립 중앙 박물관의 위용은 그간의 한 맺힌 설움을 씻어 내기에 충분했다. 전시장의 규모만으로도 세계 6대 박물관에 손꼽히는데, 이는 고속 성장한 한국 경제의 위상과 비례한다. 박물관에 대한 투자는 그 나라의 문화의식을 가늠하는 잣대이기도 하지만, 그 문화의식 또한 국가의 경제력을 토대로 이루어지기 때문이다.

개관 직후의 첫 전시는 사상 최대의 화려함을 과시했다. 한국에 있는 모든 보물을 다 모아 놓았다는 말은 소문이 아니었다. 기존의 소장품을 필두로 개인이나 기관, 해외 소장품까지 초대하여 대대적으로 기획함으로써 그 넓은 전시 공간을 다 채울 수 있을까 하는 세간의 우려를 불식시켰다.

이렇듯 진귀한 보물들을 한자리에 모은 성대한 잔치가 끝나자, 이후 국가를 대표하는 박물관으로서의 품격을 어떻게 유지할 것인가 하는 문제가 대두되었다. 이제는 최고의 보물 없이도 상설 전시장을 유익하고도 다양하게 운영하는 역량을 발휘해야 했다. 이에 따라 내부 인테리어를 교체하고 다양한 전시를 시도하여 상설 전시의 수준을 높였고, 교육 목적의 전시를 통해 박물관의 새로운 기능성을 내놓았다. 여기에 중국, 일본, 동남아시아, 인도 등의 유물을 전시하는 아시아 전시실까지 마련하여 아시아 문화를 접할 수 있도록 했다.

용산 시대를 맞이하여 국립 중앙 박물관은 상설 전시뿐 아니라 기획 전시에서도 과거와는 비교할 수 없을 만큼 훌륭한 성과를 보였다. 예를 들어 루브르 박물관전, 황금의 제국 페르시아, 이집트 문명전 파라오와 미라, 대영 박물관전, 잉카 문명전, 태양의 아들 잉카·마야·터키 문명전, 이스탄불의 황제들, 미국 미술 300년, 초원의 대제국 흉노-몽골, 오르세 미술전, 로마 제국의 도시 문화와 폼페이전, 루벤스와 세기의 거장들 등의 해외 특별전을 유치했다. 과거와 달리 이러한 이색적인 전시가 가능했던 것은 무엇보다도 다양한 상상력을 제약 없이 펼칠 수 있는 전시 공간 덕분이다. 선진국에서나 볼 수 있는 수준 높은 기획전 형태를 그대로 재현함으로써 관람 수준을 한층 높인 것이다.

과거에는 전시 공간도 협소했지만 작품을 대여하는 비용도 만만치 않았고, 전시 운영에 대한 신뢰도가 낮아서 초청 특별전을 유치하기 어려운 면이 있었다. 결국 볼 만한 특별전은 아시아에서 경제 안정도가 높은 일본, 싱가포르, 홍콩 등지에서만 전시되고 한국의 경우는 부분 전시로 제한되곤 했다. 그런데 용산 박물관 시대를 맞이하자 한국의 문화 수준에 대한 세계의 인식이 바뀌었다. 게다가 해외 기획전을 통해 국내 관람객의 감상 수준도 높아져 기획전의 내용이 무성의하면 날카로운 비판이 쏟아지기도 했다. 이 덕분에 박물관에서는 더 섬세한 기획력을 키우고 해외 메이저 전시를 벤치마킹하여 질적 향상을 꾀하게 되었다. 예컨대 고려 불화대전, 황남대총, 통일신라 조각전, 고대불교조각대전, 근대 서화, 봄 새벽을 깨우다 등은 규모와 질 면에서 국립 중앙 박물관이 아니면 선보일 수 없는 실력을 증명한 경우였다. 이렇게 구성된 기획전의 내용과 아이디어는 상설 전시에도 응용되었다.

1909년 이후 100여 년간 이 땅의 국립 박물관은 파란만장한 노정을 거쳤다. 도굴과 국외 반출의 위기로부터 간신히 건져 낸 유물들을 품고서 여섯 번이나 옮겨 다닌 끝에 비로소 '국립'이라는 이름에 어울리는 위용을 갖추게 되었으니 감개무량하지 않은가.

## 앞으로의 기대

오늘날 문화재에 대한 우리의 감상 수준도 놀랄 만큼 발전했다. 1980년대 후반부터 경제적 여유가 생기자 사람들은 문화와 역사 쪽으로 시선을 돌리기 시작했고, 그에 발맞추어 박물관도 점점 부피를 키워 가면서 대중의 시선을 끌어 모으기 시작했다. 2005년부터 용산의 국립 중앙 박물관은 세계 수준과의 편차를 빠르게 좁혀 왔으며, 상당한 수준의 기획전을 스스로 꾸리는 역량을 키웠다. 물론 유럽이나 미국은 말할 것도 없고, 일본만 해도 오랜 박물관 운영 경험을 지녔기 때문에 한국의 유물 기획 전시는 해외 특별전과 비교하면 아직 미흡한 부분이 있다.

선진국의 박물관 운영에 비교할 때 우리의 가장 큰 문제는 아무래도 유물 구입의 측면일 것이다. 국립 중앙 박물관은 현재 30만 점이 넘는 유물을 확보했다고 내세우지만 현재 전시관에서 볼 수 있는 유물은 대부분 과거 이왕가 박물관 및 조선총독부 박물관 시절부터 소장했던 것들이다. 해방 후에는 재정 부족으로 유물 수집에 자금을 지원하기 어려웠고, 개인으로부터 기증을 받거나 새로운 발굴에 의지해 왔다. 이렇게 보면 순전히 국가의 재정적 지원에 의한 유물 확보는 미미한 편이다. 전쟁 직후 국가 재건에 신경 쓰느라 여력이 없었던 상황은 이해할 수 있다. 그러나 지금 한국은 세계에서도 손꼽힐 정도의 경제 발전을 이루었는데 국립 중앙 박물관에서 책정한 유물 구입비가 2014년 기준 39억 원에 불과하다는 사실은 부끄러운 일이다. 미국을 대표하는 메트로폴리탄 박물관이 한 해 유물 구입비로 쓰는 금액이 350억 원 정도이며, 이 정도 예산 규모를 갖춘 미국의 박물관은 최소한 다섯 곳이 넘는다. 39억 원으로는 국립 중앙 박물관이 공들이고 있는 아시아 전시실도 제대로 꾸릴 수 없을뿐더러 해외에 떠도는 A급 유물을 한두 점 구입하기에도 빠듯한 액수다. 결국 전시실 규모는 세계 수준인 데 반해 유물 확보를 위한 노력은 너무도 미흡한 상황이다.

　박물관의 수준은 곧 나라의 문화 수준이다. 따라서 앞으로 국립 중앙 박물관의 위상에 걸맞게 유물 구입비를 확충하고, 더욱 다양한 유물을 구비하여 내실을 기하는 작업이 요구된다. 이 문제는 정책의 변화가 우선되어야 하지만 그 변화는 박물관을 이용하는 국민 전체의 의식으로부터 비롯된다고 생각한다. 국민의 관심과 요청이 없는 한 예산 정책이 바뀔 리 없기 때문이다. 국립 중앙 박물관이 전시 규모뿐 아니라 기획의 질과 다양성 측면에서도 유감없이 활약을 펼치는 순간을 기대해 본다.

## 도쿄 국립 박물관의 오구라 컬렉션

일본 도쿄에 주목할 만한 공원이 하나 있다. 바로 도쿄 국립 박물관, 국립 서양 미술관, 국립 과학 박물관이 집결해 있는 우에노 공원이다. 지금은 비록 도쿄의 노숙자 집합소로 더 유명해졌지만 이 공원은 사실 문화 명소이다.

원래 이곳은 250여 년의 막부 시대를 열었던 도쿠가와 이에야스와 밀접한 인연을 지닌 공간이다. 예전에는 에도성 북동쪽 방향의 불길한 기운을 다스리기 위해 도쿠가와 가문의 사찰을 들임으로써 번성했으나 1867년 막부가 무너진 이후 무심히 방치되다가 1873년 비로소 일본 최초의 근대 공원으로 조성되었다. 이후 메이지 정부는 넓은 공원 안에 국립 박물관과 동물원 등을 배치하여 일반 대중을 위한 휴식 공간으로 재구성했다.

이러한 우에노 공원의 변천사는 왠지 우리에게 낯설지 않다. 앞 장에서 소개했듯이 근대화 과정에서 일제가 조선의 왕궁에 박물관을 건립한 과정과 거의 유사하기 때문이다. 일본은 자국에서는 박물관이라는 기제로 막부의 전통이 깃든 지역을 근대화의 상징적 공간으로 변모시켰지만 조선에서는 조선 황실의 권위를 격하시키는 데 박물관을 이용했다. 우에노 공원의 탄생 과정을 지켜본 일본인들은 자연스럽게 박물관과 근대화를 연결 지어 인식했을 테지만 조선의 법궁이 대중의 공원으로 조성되는 과정을 지켜본 조선인들에게 이 과정은 비탄과 애수를 자아낼 뿐이었다.

우에노 공원 내 도쿄 국립 박물관은 총 5개 동의 건물로 구성되어 있다. 이 중 한국인들이 많은 관심을 보이는 건물은 동양관으로, 5층에는 '조선 반도의 문화'라는 이름으로 한국의 유물이 전시되고 있으며 다른 동아시아권 국가들과 서아시아 그리고 이집트의 유물까지 전시되어 있다. 이토록 풍부하고 다양한 아시아의 전시물 덕분에 동양관은 1968년에 건립되었음에도 불구하고 어쩐지 제국주의 시대를 떠올리게 한다. 소장된 유물의 질과 양을 볼 때 영국이나 프랑스의 국립 박물관에 비할 바는 못 되지만 제국주의를 표방하던 당시 일본의 영토 확장에 대한 열망이 얼마나 강렬했는지 느낄 수 있다.

사실 우에노 공원과 도쿄 국립 박물관은 우리의 관심사

가 아니다. 핵심은 동양관 5층의 한국관이다. 그런데 우에노 공원으로 이야기를 시작한 이유는 조선의 근대화 과정이 일본의 우에노 공원을 모태로 한 것임을 밝혀 두기 위해서였다.

한국관의 유물을 관람하다 보면 흥미로운 점을 하나 발견하게 된다. 유독 '오구라 컬렉션 기증'이 많다는 사실이다. 약 250점 정도의 전시물 중 무려 130여 점이 오구라의 기증품이다. 도대체 어떤 인물이기에 도쿄의 국립 박물관에 전시된 조선의 유물을 절반이나 소장하게 된 것일까? 오구라가 어떤 인물인지 궁금하지 않을 수 없다.


## 두 얼굴의 사나이


1904년 34세의 오구라 다케노스케는 처음으로 조선 땅을 밟는다. 한반도의 패권을 둘러싼 일본과 러시아의 전쟁이 한창이던 즈음 도쿄제국대학 법학과 출신의 이 엘리트는 일본에서의 안정된 출셋길을 버리고 조선을 선택했다. 여기에는 집안 문제가 결부되어 있다. 그의 집안은 원래 부유했으나 부친이 국회의원에 낙선한 후 뇌물 사건에 연루되면서 가세가 기울었고, 이에 그는 조선 땅에서 크게 성공하여 집안을 다시 일으키려 결심한 것이다.

조선에 경부선 철도 공사가 마무리되자 그는 경부선 철도 대구 출장소의 경리주임으로 첫 근무를 시작했다. 이후 몇 년간 대구에서 인맥과 자본을 확장한 오구라는 1911년 전기 회사를 설립했다. 이미 본토의 근대화 사업이 어떻게 추진되었는지를 경험했기 때문에 조선 개발에서 전기 분야가 큰 수익을 올릴 것을 확신한 것이다. 그의 예측은 정확했다. 한반도에 전기가 공급되기 시작하면서 그가 세운 전기 회사는 조선총독부의 강력한 지원을 등에 업고 급성장했다. 오구라가 특별한 대접을 받을 수 있었던 데는 본토의 수도권 출신이면서 도쿄제국대학 법학과를 졸업한 인재였기 때문이다. 어느덧 그의 회사는 사세를 확장하여 조선에서 가장 큰 전기 회사(남선합동전기)의 소유주가 되었다.

마침내 조선의 전기 공급망을 장악한 그는 당당히 성공한 사업가로 자리매김했다. 사업에 성공한 그는 1921년부터 조선의 고미술품에 관심을 기울이기 시작했다. 그의 수집 열정은 아무도 못 말릴 정도여서 일제 강점기의 대표적 소장가인 간송 전형필이 들인 금액의 10배 이상을 투자한 것으로 알려져 있다. 또한 전형필이 주로 서화書畫에 치중했다면 그는 한반도의 고대 유물에 특별한 관심을 보였다. 이는 개인의 취향이라기보다는 일본 제국의 정치적 야심과 관계된 것으로 보인다.

당시 일제는 한반도 통치를 정당화할 수 있는 명분을 얻기 위해 고분 조사에 심혈을 기울였다. 예를 들어 평양의 낙랑 고분을 조사한 다음 그 자료를 바탕으로 한반도에 끼친 중국의 영향력 또는 예속적 관계를 강조했고, 가야 고분에 대한 조사 내용을 토대로 고대 일본이 한반도에 진출했음을 주장하려 애썼다. 이는 당시 유행하던 제국주의적 역사관에서 비롯된 것으로, 정치적으로 역사를 왜곡한 후 그에 부합할 만한 증거물을 찾는 식이었다.

오구라가 고미술에 관심을 둔 1920년대부터는 일제의 조사 범위가 경주를 비롯한 경상도의 신라 유적지로 넘어가는 단계였다. 대구에 본거지를 둔 그로서는 유물을 수집하기에 더없이 좋은 기회였다. 전기 회사의 사장인 동시에 대구민단 의장, 경북도회 의원, 대구상공회의소 소장을 겸하면서 막강한 재력과 권력을 지니고 있었던 그에게 경상도 지역에서 도굴된 신라 유물을 손에 넣는 것쯤은 어려운 일이 아니었다.

물론 그 과정이 정당했을 리 없다. 오구라는 정경유착과 부당 거래에 능한 악덕업자였을 뿐 아니라 일본에서 싼 이자로 대출을 받아 조선인을 상대로 고리대금업까지 벌인 인물이었다. 돈을 갚지 못하면 채무자의 토지를 헐값에 빼앗았고, 전기 사업에서는 조선총독부와의 긴밀한 관계를 이용하여 경쟁자를 제거했다. 일제는 조선인이 만든 근대 기관을 강제로 폐쇄시키거나 일본인 업자에게 넘기도록 압력을 가했는데, 오구라는 이때도 일본인 대표로 개입하여 많은 이권을 따냈다. 또한 도쿄제국대학 법학과 출신인 만큼 그는 어떤 고발과 고소에도 늘 건재했으며, 탄탄한 재력과 권력을 앞세워 불법적인 방식으로 사업을 확장했다. 식민지 조선이 아닌 일본이었다면 결코 있을 수 없는 일이었다. 오구라는 여세를 몰아 은행업과 광산업까지 사업 분야를 확장하며 막대한 부를 축적하기에 이르렀다.

한편 1916년 일제는 유물의 소지와 신고를 단속하는 '고적 및 유물보전규칙'을 공포했다. 이 법에 따르면 출토된 유물은 총독부의 허가를 받아야만 양도하거나 처분할 수 있었다. 그러나 실제로는 도굴을 담당하는 조선인에게만 엄하게 적용했을 뿐 중간 상인의 손을 통해 최종 소유자가 된 오구라 같은 일본인에게는 아무 처벌도 내리지 않았다. 이 덕분에 오구라는 정당한 방법으로는 얻을 수 없는 유물들을 손쉽게 획득했다.

유물에 대한 오구라의 관심 범위가 점차 넓어지자 전국에 있는 전기 회사의 지점들은 그가 수집하는 고미술을 보관하는 창고로 활용되기도 했다. 경상도의 신라 및 가야 유적을 비롯하여 충청도의 백제, 평양의 낙랑과 고구려, 개성의 고려청자, 조선의 왕실 유물까지 그의 소장 목록은 전 지역의 모든 분야를 망라했다. 증언에 따르면 오구라가 서울 자택으로 상경할 때면 그를 찾아온 전국의 고미술 상인들이 집 앞에 줄지어 있었다고 한다. 어느덧 오구라는 식민지 조선 고미술 시장의 제왕이 되어 있었다.

한편 1930년대부터 조선총독부는 더 이상 고분 조사에 투자하지 않기로 방침을 세웠다. 오랜 도굴로 인해 가치 있는 유물은 더 이상 없다고 판단한 것이다. 반면 학자나 연구자 들은 스스로 자금을 모집하여 개별 조사에 뛰어들 었는데, 오구라도 그러한 대열에 편승하여 조사 사업에 돈을 대거나 광산업에 종사하는 부하 직원을 도굴에 동원했다. 오구라가 도굴에 직접 뛰어든 이유는 중간 상인으로부터 유물을 구입하는 비용을 절감하기 위해서였다. 즉 무덤을 파는 인부의 품값만으로 유물을 취하겠다는 심산이었다. 겉으로는 성공한 사업가에 고미술이라는 고급 취미를 지닌 인물이었으나 사실 그는 탐욕스러운 모리배였을 뿐이다.

늘 행운의 여신이 함께할 것만 같던 오구라의 인생에도 짙은 그림자가 드리우기 시작했다. 1945년 8월 15일, 독일과 함께 2차 대전을 일으킨 일본이 연합군에 무조건 항복을 선언하면서 그의 사업도 막을 내리게 된 것이다. 20여 년간 수집한 많은 유물을 처리하는 문제도 그에게는 큰 고민거리였다.

**문화재 수집에 담긴 제국주의적 사관**

일본 패망 당시 75세의 오구라는 조선에서 일군 사업과

전 재산을 모두 빼앗기는 신세가 되었다. 미군정은 한반도 전체 전기 공급량의 3분의 2를 차지해 온 그의 전기 회사를 통째로 압수했으며, 그가 소장한 4,000여 점의 고미술품도 눈앞에서 고스란히 빼앗길 판이었다. 그러나 눈치 빠르게 세상 돌아가는 이치를 파악하고 있던 그는 패전에 앞서 중요한 수집품들을 도쿄의 창고로 옮겨 두었다. 분산 투자의 법칙을 깨닫고 있었던 것인지 4,000여 점의 유물 중 트럭 7대 분량을 일본에 미리 보내 놓고, 그 자신은 1945년 10월 밀항선을 타고 일본으로 귀국했다.

본국으로 돌아가는 와중에도 그는 대구에 남아 있는 소장품을 걱정하며 조선인 심복에게 "10년 후 다시 올 테니 잘 보관해 두라"고 신신당부했다. 10년 뒤에 다시 조선으로 올 수 있을 것이라 믿었다니, 어디까지나 그의 헛된 망상이었겠지만 왠지 섬뜩한 기분이다. 그의 조선인 심복은 오구라의 유물 대부분을 얼마 뒤 처분해 버렸다.

일본으로 돌아간 오구라는 어떤 모습으로 살았을까? 묘하게도 그는 조선에서의 절대 권력자 같은 태도는 결코 보이지 않았다고 한다. 치바현 나리타에서 동네 회장을 맡기도 했지만 이웃 사람들에게는 그저 조용하고 평판 좋은 노인일 뿐이었다. 이렇게 자신의 과거를 숨긴 채 95세까지 장수를 누린 그는 1964년 조용히 죽음을 맞았고, 그의 유물은 고스란히 아들이 물려받았다. 아들은 생계가 어려울 때마다 유물을 조금씩 팔았지만 1982년에 유물 1,100여 점을 모두 도쿄 국립 박물관에 기증하겠다고 발표했다. 이 일을 계기로 치바현 나리타 사람들은 자기 마을에 살던 노인이 어떤 인물인지 알게 되었다.

오구라 다케노스케는 왜 그토록 열심히 한반도의 문화재를 수집했을까? 단순한 취미로 보기에는 그 규모가 지나치게 방대하다. 한때 그가 소장한 4,000여 점의 소장품은 같은 시기 한반도에서 가장 큰 이왕가 박물관 또는 조선총독부 박물관이 소장한 목록의 4분의 1에 해당한다. 이와 관련하여 오구라는 다음과 같이 말했다.

"나는 사학, 고고학에 관해서는 한낱 문외한에 지나지 않는다. 다만 오랜 세월에 걸쳐 흥미나 취향에 따라 수시로 여기저기서 수집했다. 일본 고대사 중에는 의외로 조선의 유물과 고미술 작품을 토대로 하여 비로소 명확해지는 부분이 많은 데 놀랐다. 나는 이런 견지에서 굳이 고미술이라 부르지 않으며, 가능한 한 조선의 옛 유물을 계통적으로 정비 보존하는 작업이 일본 고대사를 천명하는 것뿐 아니라 극동 퉁구스족 문화 연구에 공헌하는 것이라 생각하여 오랜 기간에 걸쳐 이 수집에 미력을 다해 왔던 것이다."

한마디로 말해, 오구라 자신은 동아시아인을 대표하여 서구로 유출되는 한반도 문물을 수집함으로써 아시아 문화 연구에 이바지했다는 것이다. 당시 대동아 공영 제국을 꿈꾸던 일본인의 사고 유형을 단적으로 보여 주는 발언이다. 그런 의미에서 유물들을 대거 자국으로 빼돌린 오구라

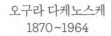

오구라 다케노스케
1870~1964

1872

도쿄 국립 박물관

금동비로자나불, 가야 금관 등 1,000여 점의
오구라 컬렉션은 현재 도쿄 국립 박물관
동양관에 전시 중이다.

가야 금관

통일신라 금동비로자나불

의 행위는 분명한 문화재 약탈 행위다.

한국은 아직도 도쿄 국립 박물관에 기증된 오구라의 유물 목록을 완전히 파악하지 못하고 있다. 그나마 전시를 통해 조금씩 유물이 공개되어 추정이 가능해졌을 뿐이다. 어쩌면 오구라 컬렉션은 소장품이 너무 많아서 그나마 수면 위로 떠오른 경우라 할 수 있다. 일제 강점기 당시 한반도에서 유출되어 일본의 여러 박물관 및 개인 소장가의 손에 들어간 수많은 문화재들은 아직도 그 흔적을 찾기 어려운 상황이다. 대략 일본으로 넘어간 유물은 공식 집계만 해도 6만 점, 비공식으로는 최소 15만 점에 이를 것으로 파악된다.

최근 들어 일본으로 유출된 유물들이 하나둘 고국으로 반환되는 경우가 간혹 발생하고 있다. 이는 한국의 경제 위상이 올라가면서 문화 의식도 높아진 결과로, 문화재 반환을 요청하는 한국 시민단체의 노력이 큰 힘을 발휘하고 있다. 또한 한국도 어느덧 선진국이 되면서 자본이 충실해지자 직접 일본에서 한국 유물을 구입해 오는 경우도 많아지는 상황이다.

## 근대 일본의 수집가들

일본은 한때 아시아의 유일한 근대 국가를 자처하면서 '탈아시아'를 꿈꿨다. 그러한 면모는 지금까지도 정치·외교 분야에서 심심찮게 확인되고 있다. '낙후한 아시아로부터 탈피'하여 유럽 선진 열강의 부류가 되기를 바랐던 일본은 지금도 여전히 다른 아시아 국가들로부터 거리를 둔 채 '선도국'으로서의 이미지를 고수하고 있다.

일본은 자국의 역사와 문화재 연구가 충분히 정립된 시점, 즉 19세기 말부터 한반도와 중국의 유물 수집에 공을 들이기 시작했다. 이는 다른 아시아 국가에 대한 연구 조사를 통해 아시아의 맹주로서 자국의 선도적 이미지를 강화하기 위한 것으로, 앞에서 살펴본 오구라 다케노스케의 광적인 수집도 단순히 개인의 취미 차원이라기보다는 일본 제국의 탈아시아적 포부에 영향을 받은 것이라 할 수 있다.

실제로 일본은 각국의 다양한 유물을 수집하고, 박물관 전시라는 형식을 빌려 자국의 위상을 과시하고자 했다. 이러한 과정을 통해 일본은 근대적 역사관을 정립하고 국가의 정체성에 대한 새로운 기반을 마련했다. 이는 그 무렵 유럽의 제국, 즉 영국과 프랑스가 자국의 박물관을 이용한 방식과 유사한 것이었다.

이에 따라 오늘날 도쿄 국립 박물관에 가면 여러 아시아 국가의 다양한 유물을 만날 수 있다. 한국과 중국을 비롯한 동남아시아, 인도, 중앙아시아, 서아시아 등의 주요 유물이 전시되어 있으며 다른 유명 사립 박물관에서도 다양한 동아시아의 고미술품을 쉽게 찾아볼 수 있다. 한국과 비교할 때 이러한 풍경은 매우 낯선 것이다. 국내의 사립 박물관에서 우리의 문화유산 외에 아시아의 고미술을 전시하는 경우는 매우 드물기 때문이다.

과연 이러한 차이의 결과는 무엇일까. 일본의 제국주의적 시각에서 비롯된 수집 행위였다 할지라도 다양한 국가의 문화유산을 보유했기에, 일본인은 좀 더 넓고 다양한 세계를 탐구할 기회를 확보할 수 있었다. 즉 우리가 우리 것만 들여다보고 있는 동안 그들은 이미 자국과 타국의 문화를 비교하면서 더욱 시야를 넓혔던 것이다. 도자기의 경우만 해도 그렇다. 한국의 박물관에서 고려청자와 조선백자는 얼마든지 감상할 수 있지만 중국이나 일본 또는 유럽의 동시대 도자기 작품을 실물로 비교 감상할 기회는 거의 없다. 그러나 일본은 한 박물관 안에서 한·중·일 3국의 도자기를 함께 관람할 수 있기 때문에 국가별·시대별 경향이나 미적 감각의 차이를 쉽게 느끼고 이해할 수 있으며, 그런 만큼 해당 예술품을 조금 더 객관적인 시선으로 평가할 수 있다. 비단 도자기뿐이겠는가. 불상, 회화, 서예 등 각 분야도 마찬가지다.

비교할 유물이 적을수록 문화에 대한 인식은 편협해지는 법이다. 세계에서 한국 도자기가 가장 아름답고 예술적이라고 생각하는 한국인들이 많다는 사실은 그러한 편협성을 간접적으로 말해 준다. 반면 현재 일본에서는 아시아 고미술에 대한 폭넓은 연구 자료가 꾸준히 발표되고 있는데, 이는 다양한 유물을 기반으로 한 심층적인 분석이 활발히 진행되고 있음을 말한다. 인정하고 싶지 않은 현실이라도 사실을 견지하는 냉철함을 잃어선 안 될 것이다.

일본의 열정적인 수집은 아시아 지역에 한정된 것이 아니다. 근대 일본이 아시아의 유물을 수집한 것은 일본 역사의 흐름을 연구하기 위해서였고, 그것을 전시한 것은 오늘날 일본의 영향력을 과시하기 위해서였지만, 그들은 일본의 미래를 근대화된 유럽에서 찾고자 했다. 특히 산업화와 근대화를 선점한 유럽 문화에 대한 동경으로 인해 메이지 유신 이후에는 값비싼 유럽 본토의 예술품을 대거 수집하기에 이르렀다. 결과적으로, 당시 일본의 입장에서 아시아 유물 수집은 유럽 미술품에 비하면 그다지 큰 시장이 아니었다.

일본 오카야마현의 구라시키에는 1930년에 설립된 일본 최초의 서양식 근대 미술 전시관인 오하라 미술관이 있는데 로댕, 고갱, 마네, 모네, 마티스, 르누아르, 피카소 등 유명 작가의 작품 3,500여 점을 소장하고 있다. 비슷한 시기에 간송 전형필은 보화각(훗날의 간송 미술관)을 차리고 우리의 유물, 그중에서도 조선 시대의 유물을 수집하는 데 각고의 노력을 다하고 있었다. 지배국과 피지배국 사이의 서글픈 격차가 아닐 수 없다. 다시 말해 식민지 조선의 미술계가 일본에 의해 훼손된 민족 문화의 자긍심을 회복하기에 집중하고 있을 때 일본에서는 이미 근대 국가로서의 정체성을 확립하는 과정을 넘어 '바깥'에 대한 탐구에 돌입한 것이다.

오하라 미술관을 건립한 인물은 구라시키에서 성공한 기업가로, 자신이 쌓은 재력을 유럽 미술품 수집에 투자하여 결국은 최초의 서양 미술관이라는 공간을 마련하기에 이른 것이다. 이로써 우리는 근대 일본이 유럽에 지대한 관심을 가졌으며 선진국의 문화를 적극적으로 수용하고자 했음을 확인할 수 있다. 지금도 일본에서 관람객을 더 많이 끌어모으는 쪽은 아시아 전시관이 아니라 서양 전시관이다. 특히 국립 서양 미술관, 아티존 미술관, 폴라 미술관, 후지 미술관 등은 유럽 문화를 동경했던 일본의 한 단면을 보여 준다.

일본의 박물관 역사는 우리보다 30년 정도 앞서 있지만 지금도 쉽게 따라잡을 수 없는 기량을 과시하고 있다. 그들에게는 '탈아시아'라는 목표가 세계적 시야를 갖추는 동기로 작동한 반면 우리는 민족주의적 가치관에 사로잡혀 있었던 탓이다.

지금 우리는 그러한 굴레로부터 완전히 벗어난 것일

까? 자문하지 않을 수 없다. 정확한 확인과 진단 이후에 나아갈 길이 보이는 법이다. 자, 우리는 무엇을 버리고 무엇을 배워야 할까? 우리의 박물관이 대중에게 고루한 공간이 아닌 진취적인 공간으로 인식되려면 어떤 노력이 필요할까?

# { 근대의 소장가, 문화의 새 장을 열다 }

## 수집가의 등장

박물관을 이야기하려면 유물을 소장하거나 기증한 인물에 대한 언급을 피할 수 없다. 더욱이 우리의 박물관은 알다시피 난세에 태동한 만큼 당시에 활동한 수집가에 대해 알아보는 것은 중요한 의미가 있다.

이들의 활동은 다른 나라의 콜렉터와는 전혀 달랐다. 이들을 움직이게 한 것은 개인의 취미와 취향을 넘어선 민족적 사명감이었으므로, 수집 활동에는 지사志士적인 면이 있었다. 이로써 우리는 다시금 암울한 시대 배경을 살펴보지 않을 수 없다.

1차 대전 당시 일본은 경제 특수를 맞이하여 산업화를 일으킬 수 있었다. 또한 본토의 탄탄한 경제력을 바탕으로 피지배국인 조선에 대해서도 강력한 통제력을 보였다. 은밀히 독립운동을 펼치던 투사들이 일제의 조직적인 탄압을 견디지 못하고 대거 국외로 도피하면서 항일 투쟁의 거점이 만주로 옮겨졌다. 이렇듯 지도자 격인 정치인이 국내에 부재함으로써 조선 사회는 잠시 안정된 듯했다. 그러나 이러한 사회 안정은 표면적인 것일 뿐 조선인의 자유는 점점 더 옥죄였고 착취는 나날이 심해졌다.

1910년 한일 병탄 이후 일본의 식민 지배가 더욱 강력해지자 한반도의 독립 가능성은 점점 희박해 보였다. 그러나 이왕가 박물관과 조선총독부 박물관이 건립되자 미묘한 변화의 분위기가 형성되기 시작했다. 그 변화란 그동안 문화재가 마구 도굴되고 유출되는 것을 무기력하게 바라보기만 했던 '이류 시민'이 새로운 의지를 키우기 시작한 것이다. 용케도 자력으로 부를 축적한 조선인들이 유물 수집에 나섰다. 이들 중 일부는 일본인과 경쟁적으로 조선 유물을 구입함으로써 조선인의 민족의식을 고취하기도 했다. 1920~1930년대 미술 시장에 나타난 이러한 변화는 나라의 독립을 위해 적극적으로 나서지 못하는 입장에서 할 수 있는 소극적 저항이자 애국 행위였는지도 모르겠다.

당시 일본인을 상대로 문화재 수집에 도전한 조선인은 크게 세 부류로 나뉜다.

첫째 부류는 만석꾼이다. 한반도에서 일본이 얻고자 한 것은 기본적으로 쌀이었다. 일본은 전략적으로 저렴한 노

동력으로 조선에서 생산된 질 좋은 쌀을 소비하고 자국의 농민은 도시나 광산 쪽에서 산업화와 근대화의 초석을 다지도록 독려하고 있었다. 이를 위해 동양척식주식회사를 세우고 조선인 대지주를 엄격히 관리했으나 지나치게 억압하지는 않았다. 지주를 대우해 주어야 소작농의 불만을 간접적으로 다스릴 수 있다는 판단 때문이었다. 그런 가운데 일제의 간섭을 가장 적게 받으면서 부를 축적할 수 있는 대표적인 집단이 만석꾼이었다.

간송 전형필은 그러한 만석꾼의 전형으로, 일본인들과 경쟁적으로 유물 수집에 헌신한 인물로 유명하다. 이 덕분에 그가 일군 간송 미술관은 역사상 최초의 사립 박물관으로 역사에 남게 되었고, 그가 지켜 낸 우리 문화유산은 지금도 특별전 형식으로 대중에게 전시되고 있다. 이 밖에도 잘 알려지지는 않았으나 각 지역마다 여러 만석꾼이 자신의 부를 바탕으로 고미술 수집에 참여했다.

둘째 부류는 세도가 가문과 기업인이다. 고종 제위 시절부터 은행과 학교를 비롯한 여러 근대 기관이 설립되기 시작했는데, 주축은 고종의 척신과 세도가였다. 완벽한 근대식은 아니었지만 어느 정도 기반은 구축되어 있었는데, 은행은 조선이 완전히 식민지가 된 이후로 일본인의 손에 넘어가기 시작했다. 그렇다 하더라도 처음 기관을 만든 조선인이 여전히 대리 사장이나 고위 임원으로 참여할 수 있었으므로 당시에도 이들 계층은 호의호식하며 건재했다. 그 대표적 인물이 명성황후 민씨의 척족인 민영휘다. 그는 일본이 세운 동양척식주식회사 부사장으로서 동일 은행의 소유주였으며 휘문고등보통학교를 창립하기도 했다. 다른 한편으로 그는 여러 고미술품에 관심이 많은 수집가였다. 그 탓에 그 유산을 물려받은 민영휘의 후손들 간에 꽤 큰 소송이 벌어지기도 했다. 전형필과 민영휘를 비교해 보면 문화재의 운명도 수집가의 품성에 따라 달라지지 않나 싶다.

한편 기업인은 방직업과 농산물 유통업에 뛰어들어 재산을 축적했다. 방직업은 영국에서 산업화가 시작될 때 발달하여 근대화 과정의 토대가 된 산업이다. 그런 만큼 일제의 탄압이 적지 않았으나 그러한 과정을 극복하고 성공을 거둔 일군의 인물이 있는데, 그중 대표적 인물이 인촌 김성수다. 그는 고려대학교를 인수하고 동아일보를 창설한 교육자이자 언론인으로 알려져 있지만 당대에는 만석꾼에서 시작하여 근대적 방직업에 성공하여 당대 조선인으로는 세 손가락에 꼽히는 대부호였다. 지금 고려대학교 박물관에 가면 그가 얼마나 많은 고미술품을 수집했는지 확인할 수 있다.

셋째 부류는 전문인이다. 우선 문인과 학자를 들 수 있는데, 조선 시대에 서화를 감별하는 안목을 지녔던 인물들은 일제 강점기에도 그 명맥을 유지하고 있었다. 이들은 스스로 소장가이기도 했지만 재력을 지닌 소장가에게 지식을 전파하여 작품 구매를 돕는 역할을 하기도 했다. 이렇듯 눈썰미 있는 전문가 덕분에 국보급 유산이 광명을 얻는 경우도 많다. 그런 역할을 한 대표적 인물이 위창 오세창이다. 그는 본인 스스로 예술가이자 훌륭한 소장가였지만 간송 전형필의 유물 수집에도 큰 도움을 주었다.

그런가 하면 그 시절 학력으로써 상류층에 포함된 수재들이 있다. 비록 소수에 불과하지만 그들은 조선인이라는 한계를 딛고서 최고의 근대 직종인 의사, 판사, 변호사 등의 직업을 쟁취했다. 척박한 현실에서 남다른 경쟁을 거친 그들로서는 자신이 이룩한 성과에 대해 큰 자부심을 지녔던 반면 이류 시민이라는 처지에 대한 울분도 없지 않았다. 그 울분을 유물로 달래고자 하는 이들도 있었는데, 대표적인 인물이 정재환이다. 그는 일제 강점기에 행정고시에 통과하여 법조인으로 지내다가 1946년 동아대학교를 설립한 인물로, 그의 수집품들은 현재 동아대학교 박물관에 소장되어 있다. 의사인 박창훈과 박병래 역시 고미술계에서는 유명한 인물이다. 이 둘은 매우 흡사한 인생을 살았으면서도 그 방향이 크게 달라서 자주 비교되곤 한다.

이와 같이 당시 식민지 조선의 수집가는 상위 1퍼센트에 속하는 계층으로서 갑부, 세도가, 성공한 기업인, 예술인, 근대 전문직 종사자 등이었다. 이들의 관심과 애정이 없었다면 오늘날 우리 박물관은 이만큼 발전하지 못했을 것이다. 당시 그들은 어떤 계기로 어떤 수집 활동을 펼쳤을까?

좀 더 자세히 살펴보기로 하자.

## 비극적 근대가 낳은 수재 박창훈

박창훈과 박병래는 일제 강점기에 활동했던 의사이자 고미술품 수집가로서, 이들의 삶을 좀 더 들여다보면 한국의 소장가들이 어떠한 현실에서 어떤 과정을 거쳐 활동했는지를 확인할 수 있다.

1922년 도굴과 밀거래가 횡행하던 조선의 고미술 시장에 새로운 유통 구조가 선보였다. 일본인 미술상과 기업인이 주축이 된 경매 회사 '경성미술구락부'가 설립된 것이다. 시장 규모가 점점 커짐에 따라 음성적인 유통 구조를 양성화하려는 시도였다. 조선의 미술품 경매는 이때부터 상설화되기 시작했다. 물론 처음에는 일본인을 위한 거래 시장이었으나 시간이 흐르면서 한국인의 참여도 조금씩 늘어났다.

경매에서 가장 인기 있는 품목은 단연 고려청자였다. 당시 표현에 따르면 금액 면에서 고려청자는 '왕자'의 지위를 누렸다고 하는데, 이는 일본인이 유달리 고려청자를 사랑했기 때문이다. 일본은 청자 문화가 발달하기 어려운 환경이었기에 더욱 매료된 것이 아닐까 싶다. 즉 일본인에게 고려청자는 도자 문화의 공백을 채워 주기에 좋은 대상이었을 것이다.

백자의 경우는 좀 다르다. 임진왜란 당시 많은 조선 도공들을 끌고 간 일본은 결국 본토에 백자 문화를 심는 데 성공했고, 유럽까지 백자를 수출하여 좋은 반향을 얻었다. 이렇게 일본인에게 자국의 백자는 큰 자랑거리였기 때문에 조선백자의 가치는 상대적으로 낮았다. 거래 시장의 큰손들의 취향이 이러하니 당시 조선백자 열 점의 가치가 고려청자 한 점과 맞먹는 정도였다.

고려청자의 인기 덕분인지 1940년 전후에 이르자 경성미술구락부를 대표로 하는 조선의 경매 시세는 도쿄나 오사카 표준 시세와 비슷해졌다. 이렇듯 조선의 경매 시장이 일본 본토와 견줄 만큼 성장하자 새로운 현상이 나타났다. 조선에서 고미술품을 수집하던 일본인이 본국으로 돌아갈 때 아예 경성미술구락부를 통해 작품을 처분하는 일이 흔해진 것이다. 초창기와는 달리 일본이나 해외 시장에서도 큰 이익을 기대할 수 없었기 때문이다. 결국 소장품에 대한 애정이 깊지 않거나 목돈이 필요한 경우에는 조선에서 처분하는 게 더 유리했다.

이러한 현상은 조선인 수집가에게 절호의 기회였다. 경매를 통해 훌륭한 작품을 구입할 수 있었기 때문이다. 그러나 해마다 경매가가 상승하자 취미를 넘어 투자 대상으로 인식한 사람도 등장했다. 당시 세상에 잘 알려진 조선인 의사 박창훈이 그러한 인물이다. 그는 경성고등보통학교 졸업 시험 및 보통문관 시험에서 수석을 차지한 뒤, 1918년 경성의학전문학교를 거쳐 총독부 관비 장학생으로 선발되어 일본 교토제국대학 유학까지 다녀온 수재였다. 지금으로 치면 학부 수석에 고시 수석을 차지하고, 미국 명문대에서 국비 장학생으로 공부한 엘리트였다. 식민지 치하라는 점을 고려하면 그가 얼마나 뛰어난 두뇌의 소유자인지 알 수 있다.

이후 그는 경성의학전문학교 조교수로 근무하다가 교토제국대학에서 박사 학위를 따냄으로써 조선에서 가장 유명한 인물 중 한 명이 되었다. 명성만큼이나 실력도 뛰어났던 그가 조선에서 항문외과 개인병원을 개업하자 진료를 받으려는 환자들이 조선인, 일본인 할 것 없이 줄을 섰다. 일본 제2의 국립대로 손꼽히는 교토제국대학에서 박사 타이틀을 따낸 그에게 이류 시민이라는 꼬리표 따위는 없었다. 그런 만큼 그의 조국은 패망한 조선이 아니라 자신에게 성공 기반을 제공해 준 일본 제국이었던 모양이다. 그는 1941년 전시 관변 통제 기구인 국민총력조선연맹 평의원 및 조선임전보국단 발기인으로 참여했으며, "일본군이 싱가포르를 함락했다는 소식을 듣는 순간 충성스러운 황군의 혁혁한 전과에 감격, 대동아 공영권의 기초가 확고부동해진 것을 충심으로 기뻐했다"라는 글을 기고하기도 했다.

조선의 최상류층으로서 안락한 생활을 구가하던 그는 고미술에 관심을 갖기 시작했다. 당시 경성의학전문학교의 일본인 교수와 학생 사이에는 조선 골동을 모으는 취미가 유행하고 있었고 조선 상류층의 호사한 취미이기도 했기 때문에 어쩌면 그의 수집은 자연스러운 과정이었는지도 모르겠다. 더욱이 이러한 수집 취미는 고위급 인사들과 친분을 쌓는 데도 큰 도움이 되었다.

대중적인 명성과 부를 바탕으로 고미술을 사들인 박창훈은 미술 전시회를 통해 자신의 소장품을 과시할 만큼 꽤 많은 명품을 소유하기에 이르렀다. 이렇듯 소장가로 명성을 드높이던 중 그는 돌연 고미술 애호가로서의 삶을 과감히 벗어던졌다. 그 시기는 바로 일본의 만주 침략으로 인해 전쟁이 혼전 양상으로 치닫던 1940~1941년 무렵으로, 그는 두 차례에 걸쳐 소장품 전부를 경성미술구락부에 내놓았다. 회화와 서예 작품을 포함하여 무려 573점에 이르는 방대한 수량이었다. 기와집 한 채가 1,000~2,000원이던 시절에 그가 소장한 작품들은 4,000~7,000원 사이의 고액에 낙찰되었다. 그런데 600점에 가까운 소장품을 모두 처분했으니 그에게 얼마나 큰돈이 흘러들었을지 상상하기란 어렵지 않다. 그의 이런 갑작스러운 행보에 많은 사람들은 의구심을 가질 수밖에 없었다. 이에 대한 박창훈의 대답은 다소 엉뚱한 것이었다.

"자녀 교육에 부모의 노릇을 다하고 싶다."

크게 출세하여 최상류층의 인생을 구가하던 그가 소장품을 팔아 치운 이유가 과연 자녀 교육비 때문이었을까? 그의 말을 어떻게 받아들여야 할까? 자식 교육 운운하는 말은 그저 핑계일 뿐이고, 그는 당시 심상치 않은 사회 분위기를 예측하고 있었던 듯하다. 시대가 혼란할수록 현금보다 확실한 보험은 없으니 그는 골동품을 미리 처분하여 현금을 확보해 두고자 했으리라.

이렇듯 시대의 논리에 충실한 현실주의자인 박창훈에게 개인의 입신과 안녕보다 소중한 것은 없었다. 그런 행보를 생각할 때면 그와 대척점에 서 있는 한 인물을 떠올리지 않을 수 없다. 예컨대 고미술품을 민족의 자부심으로 여기고 우리의 전통문화를 지켜 내고자 했던 간송 전형필과 같은 인물이다. 같은 고미술품 수집가라 할지라도 소장품을 치부의 수단으로 삼았던 박창훈과 비교하면 극명한 차이가 있다. 물론 우수한 두뇌의 소유자였던 만큼 박창훈의 판단은 꽤 정확했다. 일본이 패전하자 고미술 경매 시장은 완전히 얼어붙어 전성기 매매가의 20퍼센트 이하로 추락했다.

안타깝게도 이러한 현실주의자는 박창훈만이 아니었다. 2차 대전이 격화되던 시기에 자신의 소장품을 서둘러 팔아 치우려는 조선인 소장가들이 꽤 많았던 것을 보면, 그들에게 고미술품은 개인의 안위를 위한 수단 이상도 이하도 아니었다. 어찌 보면 이러한 풍경은 식민지 시대 이류 시민의 불안정한 현실을 반영하는 것 같기도 하다. 어렵사리 세속적 성공을 이루기는 했지만 식민지 식민으로서 안정적인 미래를 담보할 수 없었기 때문에 금전적 가치를 지닌 대상에 더욱 집착하게 되었을 것이다. 슬픈 시대의 초상이 아닐 수 없다.

박창훈은 해방 이후에도 여전히 승승장구했다. 서울대학교 약학대학과 치과대학, 경기중학교 등의 후원회장까지 역임하면서 활발한 활동을 이어 나갔다. 요즘도 그렇지만 후원회장이라는 직함은 소위 돈과 권력의 중심인 만큼 그의 친일 행적 따위는 재력과 명성에 아무런 위해가 되지 않았던 듯하다. 그러나 그의 뛰어난 재주와 명민함으로도 자신의 운명을 돌이킬 수는 없었다. 그 누구보다 안락한 노후를 예약해 놓은 듯한 그였으나 한국전쟁 발발 후 부산 피난길에서 54세의 나이로 숨을 거두었다.


## 아름다운 기증가, 박병래

박창훈과 동시대 인물로서 의사의 길을 걸었던 또 다른 소장가를 소개하지 않을 수 없다. 자신이 수집한 상당수의 소장품을 국립 중앙 박물관에 기증하여 생애를 뜻 깊게 마감한 박병래가 그 장본인이다.

1974년 5월, 국립 중앙 박물관 직원들은 성모 병원을 찾았다. 평생을 바쳐 모은 문화재 362점을 기증하기로 한 박병래에게 마지막으로 감사 인사를 전하기 위해서였다. 박병래는 박물관 직원 대표의 손을 꼭 잡고 뜨거운 눈물을 흘렸다. 옆에 있던 딸이 부친을 대신하여 설명했다.

"아버지는 섭섭해서가 아니라 마음이 놓여서 눈물을 흘리시는 겁니다."

잠시 후 박병래는 간신히 입을 열어 감회를 밝혔다.

"고생들 하셨소. 이제 마음을 놓았어. 눈을 감아도 여한이 없네."

며칠 후 그는 조용히 눈을 감았다.

박병래는 1924년 경성의학전문학교를 졸업한 후 일제 강점기에 조선에서 의사로 활동했던 인물로, 앞서 소개한 박창훈과는 대학 선후배 사이다. 당시 의사로 활동하면서 대학 교수를 지낸 이력을 보면 그는 선배인 박창훈과 거의 비슷한 길을 걸었다고 할 수 있다. 다른 점이 있다면 천주교 신자였던 그는 가난한 서민을 위해 의술을 펼치기로 결심했으며, 그런 신념에 따라 1936년 천주교 서울 대교구와 함께 성모 병원을 차렸다. 이 병원은 훗날 가톨릭대학교 의학부 부속병원이 되었다.

1929년부터 박병래도 당시 유행하던 고미술 수집에 흥미를 갖기 시작했다. 병원장이었지만 자신의 월급을 200원 정도로 제한했던 그로서는 당시 1만 원이 넘는 고려청자는 감히 엄두도 낼 수 없었다. 그 대신 상대적으로 가격이 낮은 백자나 문방사우로 쓰이는 소품들을 수집했다. 이후 점차 안목을 넓히고 재정 여유가 생기면서 백자를 주로 모으기 시작했다. 그는 일본인의 관심 밖에 있던 조선백자의 가치를 알아본 사람 중 한 명이었다.

앞서 설명했듯이 임진왜란 이후 조선 도공들을 통해 백자 기술을 습득한 경험 때문인지 일본에서는 조선의 백자를 낮게 평가했지만 자신들이 표현할 수 없었던 고려청자에는 지대한 관심을 갖고 있었다. 그런가 하면 당시 한반도 문물에 대한 가치 평가는 다분히 일본의 시각에서 이루어지고 있다. 삼국 시대와 통일신라 시대의 불교 유물은 제법 귀한 대접을 받았지만 조선의 서화와 목가구 등은 주목받지 못했던 것도 한반도의 고대사에 관심이 깊었던 일본인의 관점이 반영된 것이다. 일제 강점기에 조선인 소장가들이 수집한 유물 중에 유독 서화와 백자가 많은 까닭도 바로 이러한 배경 때문이다. 자본 규모로는 일본인과 경쟁하기 어려웠던 탓에 수집의 범위도 제약을 받을 수밖에 없었다.

세월이 흐른 오늘날 문화 유물에 대한 시각은 많이 바뀌었다. 일본의 눈이 아닌 우리의 눈으로 문화재를 바라보게 되면서 유물의 가치는 재평가되었고, 백자나 조선 서화도 고려청자나 고대 불상 못지않은 대접을 받기에 이르렀다. 그러나 이러한 인식의 변화가 한순간에 이루어진 것은 아니다. 해방 이후 1970년대까지도 국내에서 고려청자의 인기는 유난했다. 국보와 보물로 지정된 고려청자의 일련번호가 주로 앞쪽을 차지하는 것도 그 흔적이다.

오랫동안 꾸준히 백자를 모으기 시작한 박병래는 자신의 수집 경험담을 담은 책 『백자에의 향수』를 출간하여 일제 강점기 당시의 고미술 시장을 이해하는 데 도움이 될 만한 기록을 남기기도 했다. 이 책에는 특히 유물 거래가 이뤄지던 장소와 인물 면면에 대한 내용이 상세히 담겨 있어 사료적 가치까지 지닌다. 처음에는 개인적 취미로 시작한 수집 활동이었겠지만 시간이 흐르면서 그는 그 이상의 가치를 깨달았던 것 같다.

동시대 의사이며 고미술품 수집가였다는 점에서 박병래는 박창훈과 닮았지만 실제로는 큰 차이를 보인다. 박창훈이 해방 전에 이미 소장품을 치부의 대상으로 삼아 여러 대학의 후원회장이라는 지위를 누렸다면, 박병래는 한국전쟁 당시 가톨릭 의료 봉사단을 조직하여 진료 활동을 펼쳤을 뿐 아니라 공군 군의관으로 입대하여 1956년까지 전선에서 근무했다. 이후 성모 병원을 착실하게 키워 놓고 원장직에서 물러난 뒤에는 대한내과학회 회장, 대한결핵학회 회장을 역임하면서 의료 봉사 활동에 힘썼다.

박병래의 공로는 이것으로 그치지 않았다. 사회가 어느 정도 안정되어 우리 힘으로 국립 박물관을 꾸릴 수 있는 시대가 되자 그는 국립 중앙 박물관을 통해 자신의 소장품을 전시하도록 했다. 그가 평생 수집한 문방사우 도자기와 수많은 백자는 조선 시대의 사회상을 보여 주는 문화유산이 되었다. 이렇듯 인연이 맺어지자 박물관 측에서 기획전을 준비하면서 작품 대여를 부탁할 때마다 박병래는 자신의 소장품을 선뜻 내주었을 뿐 아니라 결국은 자신의 소장품 대부분을 국립 중앙 박물관에 기증했다. 그는 박물관 사람들이 방문할 때면 늘 다짐하듯이 이렇게 말했다.

"여기 유물들은 전부 다 박물관으로 가게 될 겁니다."

사실 사람들은 반신반의했다. 몇 점만 시장에 내다 팔아도 거액의 돈을 벌 수 있는데 평생토록 수집해 온 소장품을 기증하겠다는 게 말처럼 쉽겠는가. 그러나 그는 말한 대로 실천했다. 그 기증의 변은 이러했다.

"내가 수십 년 동안 도자기와 함께 지냈던 마음을 여러 사람에게 나누어 줄 수 있다면 그 얼마나 행복한 일이겠는가."

그로 하여금 이러한 결정을 하도록 이끈 것은 무엇일까. 어떤 계기로 인해 그는 소장품의 사유화를 포기한 것일까. 아마도 그는 유산으로 물려준 고미술품 때문에 후손들이 탐욕스럽게 싸우는 모습을 많이 보았을 것이다. 그리고 그러한 불미스러운 경우가 생기지 않게 하리라 결심했는지도 모른다. 그는 자신의 소장품을 사유재산으로 생각하지 않았다. 오히려 언제든 사회에 환원할 공공의 재산이라고 인식하고 있었으며, 자녀들 또한 증여를 통한 부의 축적을 포기함으로써 부친의 뜻을 받들었다. 죽음을 앞둔 그가 그동안 분신처럼 간직해 온 백자 362점을 기증한 후 눈물을 흘린 것은 아마도 유물들이 가야 할 곳으로 가게 되었다는 안도감 때문일 것이다.

국립 중앙 박물관에 2층 기증 전시실에 가면 욕심 없는 삶을 살았던 그의 정신을 만날 수 있다. 그가 기증한 백자의 유물 카드에 기재된 '수정'이라는 호가 그의 정신을 대변하고 있다.


## 간송 전형필과 최초의 사립 미술관


박창훈과 박병래. 이 두 사람은 동시대 의료인이자 고미술품 소장가라는 공통점에도 불구하고 그들의 최후는 커다란 차이를 낳았다. 전자가 자신의 수집품을 팔아 권세를 누리다가 허무한 죽음을 맞았다면, 후자는 죽음을 앞두고 자신이 모은 소장품을 국립 중앙 박물관에 기증했다.

이렇듯 탐욕과 무욕이라는 극단적인 차이는 문화재를 바라보는 인식에서 비롯된 것이겠으나 그들에게 처분과 기증 외의 다른 선택은 불가능했던 것일까?

대개 수집가들은 개인 박물관이라는 꿈을 갖고 있다. 자신의 이름을 건 전시 공간에 평생 모은 소장품을 전시하는 것, 그것이야말로 제3의 방안일 것이다.

해외의 경우를 보자. 유럽과 미국, 가까운 일본을 보아도 개인 박물관 또는 미술관을 어렵지 않게 찾아볼 수 있다. 초기의 박물관은 대개 자신의 저택에서 일부 관람객에게만 공개하던 형식이었으나 이것이 점차 확대되어 사립 박물관 형태를 이루었다. 물론 이 단계까지 이룩한 수집가는 선진국에서도 그리 많지 않다. 흥미로운 것은 박물관의 역사도 짧고 환경도 열악한 이 땅에도 그러한 사립 박물관을 건립한 근대 소장가가 있었다는 사실이다. 대표적인 인물이 간송 전형필이다. 그는 1938년에 한국 최초의 사립 박물관인 보화각을 성북동에 건립했다. 이 건물은 서양식 건축 양식에 이탈리아 대리석과 고급 목재를 사용하여 꽤 공들여 지은 외관을 자랑한다.

당시 사립 박물관이라는 목표가 설정되자 간송은 그동안 수집했던 서화나 백자뿐 아니라 전시의 구색을 위한 고려청자의 필요성을 느꼈다. 사립 박물관이 전무한 시대에 개인이 박물관을 세운다는 건 어려운 일이 아닐 수 없다. 우선 이왕가 박물관이나 조선총독부 박물관과 비교될 수밖에 없기 때문에 박물관의 위상을 높일 유물이 있어야 했고, 취향이 다양한 관람객을 유치하려면 전시 구성도 가능한 한 다양해야 했다.

그 와중에 간송은 일본에서 활동하던 영국인 국제 변호사 존 개스비가 본국으로 귀국하면서 20년간 수집한 고려청자를 처분한다는 소식을 입수했다. 1937년 직접 일본으로 건너간 간송은 여러 조건을 논의한 끝에 존 개스비의 소장품을 일괄 인수하기로 결정했다. 과연 존 개스비가 모은 고려청자는 대단했다. 현재 국보 65호 청자기린유개향로 靑磁麒麟鈕蓋香爐, 국보 66호 청자상감연지원앙문정병 靑磁象嵌蓮池鴛鴦文淨瓶, 국보 74호 청자오리형연적 靑磁鴨形硯滴, 국보 270호 청자모자원숭이형연적 靑磁母子猿形硯滴 등이 바로 이때 구입한 것들이다. 이로써 비었던 청자의 자리를 채워 넣을 수 있게 되었으나 일괄 매입비로 공주에 소재한 5,000석지기 전답을 모두 팔아야 했다. 상당한 비용이 투자된 셈이다.

이토록 정성을 바친 그였지만 박물관의 상설 운영은 지연되었다. 박물관 건립 이후 학교 인수 건으로 재정적 한계에 부딪혔고 그 와중에 일본의 전쟁이 심화되었기 때문이다. 엎친 데 덮친 격으로 이승만 정권 당시 토지 개혁 제도가 실패한 결과로 대부분의 토지를 잃음으로써 그는 살아생전 박물관 개관을 볼 수 없었다.

1962년 56세의 나이로 간송이 세상을 뜨자 박물관은 한동안 사공을 잃은 배 신세가 되었다. 그러나 간송의 자손들과 학자들이 부단히 노력하여 1971년부터 박물관 이름을 '간송 미술관'으로 바꾸고 다양한 기획전을 선보였다. 최근 간송 미술관은 재단을 새롭게 정립하고 상설 전시관을 만들기 위해 노력하고 있다.

이처럼 근대 초반부터 개인 박물관 건립에 도전한 인물은 있었지만 그 결과물은 우리의 기대만큼 완벽하지 못했다. 상설 전시가 가능한 전시관을 갖추고 다양한 유물을 구비한다는 것은 생각보다 복잡하고 어려운 일이며, 관람료 정도로는 운영비의 20퍼센트도 조달할 수 없기 때문에 부족 비용을 메울 만한 별도의 방안을 마련해야 하는 형편이었다.

이와 비슷한 예로 기업가인 동원 이홍근이 1967년에 세운 동원 미술관이 있다. 1900년 개성에서 태어난 이홍근은 일제 강점기 당시 조선에서 알아주는 재력가로, 인삼 무역으로 큰 재산을 벌어들였다. 또한 그는 열정적인 유물 수집가로서 고려청자, 조선백자, 청동기, 회화, 서첩, 서예, 인장, 도자기 파편 등 다양한 분야에서 5,000점에 가까운 소장품을 모았다. 이미 자신의 소장품만으로도 제법 규모 있는 사립 박물관을 꾸릴 준비가 된 셈이었다.

특히 그는 한전 주식과 상업은행 주식을 몇만 주나 구입하여 그 배당금으로 동원 미술관을 안정적으로 운영할 수 있는 시스템을 만들었다. 당시 한전과 상업은행이라 하면 요즘 삼성전자나 현대자동차에 버금가는 대기업으로, 그만큼 그는 박물관의 독립성과 지속성을 진지하게 고민했다. 그러나 1980년 그는 타계했고, 그의 장남은 무려 4,941점이나 되는 소장품을 모두 국립 중앙 박물관에 기증하기로 결정했다. 평가액만 해도 당시 금액으로 300억 원이 넘

## 간송 전형필
### 1906~1962

전형필이 최초로 만든 사립 박물관은
결국 상설 전시까지 나아가지 못했으며

# 1938 간송 미술관

박병래와 이홍근이 수집한
유물들은 국립 중앙 박물관으로
기증되어 현재 기증실에서
전시 중이다.

# 2005

수정 박병래
1903~1974

동원 이홍근
1900~1980

국립 중앙 박물관

었다. 이는 "너희를 주려고 모은 것이 아니니 언제든지 사회에 환원해야 한다"고 입버릇처럼 말했던 이홍근의 신념을 받든 것이다. 이뿐 아니라 박물관을 운영하기 위해 아버지가 마련해 두었던 한전 주식과 상업은행 주식까지도 학술 기금으로 기증했다. 이 덕분에 국립 중앙 박물관은 이홍근의 기증 유물로 고미술 연구소를 운영할 수 있게 됐다. 이러한 과정은 분명 아름다운 일이지만 이홍근이 꿈꿨던 개인 박물관이 무산된 것은 안타까운 측면이 있다.

이처럼 일제 강점기부터 1960년대까지 많은 소장가들이 사립 박물관 설립에 나섰으나 지금까지 상설 운영을 하고 있는 곳은 극히 적은 편이다. 그만큼 개인이 박물관을 건립하여 운영하기 위해서는 사회적으로 많은 경험과 준비 과정이 필요하다. 개인 취향을 넘어 대중과 함께 공유할 수 있는 수준에 이르려면 더 많은 시간과 노하우가 필요했다. 이는 근대 수집가들에게는 넘을 수 없는 장벽이었다.

물론 이러한 현상은 한국뿐 아니라 선진 유럽에서도 흔히 발생하곤 한다. 해외에서도 개인이 기증한 유물을 바탕으로 수립된 공공 박물관이 상당히 많은데, 대부분 가문 또는 개인이 소규모 박물관 등의 형태로 운영하다가 지속하지 못하고 기증을 선택한 경우다. 그러나 수집 문화와 관람 문화가 함께 성숙해지면서 조금씩 사립 박물관과 사립 미술관이 자립적으로 꾸려지기 시작했다. 한국의 사립 박물관도 1980~1990년대부터 다양한 전시를 통해 독자적으로 자리를 잡기 시작했다. 최초의 사립 박물관인 간송 미술관이 생긴 지 50여 년이 지나고 나서였다.

# { 대학 박물관 이야기 }

## 대학 박물관 탐험

태생적으로 박물관은 대학교라는 교육 기관과 밀접하다. 과거 선조들의 지혜와 아름다움과 비밀을 품고 있는 유물에 대한 탐구는 대학이라는 최고의 지성 기관이 수행하기에 적합하기 때문이다. 한국도 웬만한 종합대학은 크건 작건 박물관을 소유하고 있다. 그리고 박물관은 대학교의 위상을 높이는 데 중요한 역할을 했다. 그런 의미에서 근대화의 역사가 짧은 한국에 서양식 대학이 설립되는 과정에서 어떻게 박물관이 편입되었는지를 살펴보는 일은 의미 있다.

지금 한국에서 가장 역사가 깊은 대학으로는 연세대학교, 이화여자대학교, 고려대학교 등이 손꼽힌다. 연세대학교의 모체는 고종의 궁정 어의인 H. N. 앨런의 제안을 수락하여 1885년에 건립한 제중원으로, 국내 최초의 서양식 국립 병원이었다가 이후 L. H. 세브란스 및 미국 기독교의 지원을 받아 근대적인 학교로 발전했다. 이화여자대학교는 1886년 메리 스크랜턴 여사가 설립한 이화학당이 그전신으로, 역시 미국 기독교 단체의 지원으로 발전했다. 고려대학교는 1905년 황실의 재정을 관리하면서 친일파와 맞섰던 이용익이 설립한 보성전문학교가 그 전신이다. 연세대학교나 이화여자대학교와는 달리 보성전문학교는 한국인이 설립한 최초의 근대 고등교육 기관으로, 1932년 경영 악화와 일제의 탄압으로 인해 조선의 갑부인 인촌 김성수가 인수하여 발전시켰다.

당시 이들 대학은 4년제가 아닌 2~3년제였다. 이는 식민지의 교육을 통제했던 일제의 교육 정책에 따른 것으로, 조선에서는 경성제국대학과 의학전문학교를 제외하고는 정식 4년제 교육이 불가능했다. 식민지 땅의 최고 학력은 고작해야 전문학교였기에 교육 방식에도 한계가 있을 수밖에 없었다. 그에 따라 근대식 고등교육을 원하는 조선인은 일본이나 미국의 대학교로 유학을 갈 수밖에 없었다. 그러한 기회도 아무에게나 주어진 것은 아니어서 발군의 실력을 지닌 소수의 수재이거나 부유한 상류층이어야 했다.

이러한 불공평한 식민지 교육 현실은 해방 이후 해소되었다. 일제 강점기에 기반을 닦은 연세대학교, 이화여자대학교, 고려대학교가 종합대학으로 승격되면서 드디어 4년제 교육 과정을 갖춘 근대적 고등교육 기관으로 거듭났다. 그러나 이들 사립대는 형식적으로는 승격된 반면 실제 위상은 낮아졌다. 이는 경성제국대학이 서울대학교라는 이름의 국립대로 바뀌고, 지방 거점 도시마다 국립대가 설립되는 현상에 따른 것이다. 말하자면 국가의 재정으로 교육 기반이 뒷받침되는 국립대에 지원자가 몰린 결과라 할 수 있다. 우수한 인재들을 유치하려면 그러한 기반을 자력으로 구축해야 하는 사립대는 상대적으로 경쟁력이 떨어질 수밖에 없었다. 그 덕분에 1970년대까지만 해도 지방의 주요 국립대는 서울의 유수 사립대보다 입학 자격이 높았다.

한편 해방 이후 사립대가 우후죽순으로 생겨나면서 일제 강점기 때보다 대학 경쟁이 높아졌으나 내실 있는 대학은 부족했다. 그런데 산업적 측면에서 볼 때 교육 기관은 독점적 지위의 특성이 작용한다. 다시 말해 대학교의 위상이 높으면 자동으로 우수한 학생이 몰리게 되어 있고, 그 대학의 입학증과 졸업증은 상당한 사회적 파워를 얻는다. 따라서 각 대학 간의 서열 경쟁이 치열해질 수밖에 없고, 그럴수록 교육의 질적 우위를 선점해야 했다. 결과적으로 초기 대학은 살아남기 위한 경쟁 과정에서 교육의 내실을 기할 수 있게 되었다고도 할 수 있다. 그러한 가운데 박물관이 다시금 주목의 대상이 되었다.

연세대학교의 경우에는 이미 1924년 전문학교 시절부터 자체 박물관을 보유하고 있었다. 이는 조선인의 주도로 만들어진 최초의 대학 박물관이라는 의미를 지니고 있다. 고려대학교 또한 1930년대에 학교 시설을 대폭 확충하면서 박물관을 지었고, 이화여자대학교도 1930년대부터 유물을 수집하기 시작했다. 이런 현상은 당시 박물관이 근대 교육 기관을 상징하는 아이콘이었음을 말해 준다. 사실상 박물관이 이 땅에 처음 실현되는 그 순간부터 박물관이라는 단어는 '근대'와 동의어였다고 할 수 있다. 그런 역사적 기반 때문인지 각 대학은 박물관 설립에 주저가 없었다. 대내적으로는 교육의 질을 제고하고 대외적으로는 근대 교육 기관이라는 홍보 가치를 지닌 것 중에 박물관만한 게 없기 때문이다. 이는 요즘의 의대와 대학병원 또는 로스쿨을 갖춘 대학에 비교할 만하다.

　결과적으로 해방 이후 창립된 많은 대학들은 캠퍼스 내에 박물관을 설치했고, 이미 박물관을 보유한 대학에서도 그 규모를 확장하는 데 힘썼다. 마침내 1967년 문교부는 대학 설립의 기준을 제시하면서 종합대학의 박물관 설치를 의무화하기에 이르렀다. 이는 대학의 내실을 기하고 새롭게 설립되는 대학의 진입 장벽을 높이는 효과를 냈다. 그러나 박물관의 의무화라는 제도가 항상 좋은 결과를 가져온 것은 아니었다. 제대로 된 박물관을 꾸려 가는 대학도 있지만 한때의 열풍으로 박물관을 설치해 놓고 제대로 관리하지 않아 방치되는 경우도 많았다. 그런 가운데 이화여자대학교 박물관은 두각을 나타냈다. 타 대학에 비해 유독 박물관의 내실을 다지는 데 심혈을 기울였고, 그만큼 좋은 성과를 거두었다.

## 김활란과 이화여자대학교 박물관

김활란에 대한 대중의 평가는 크게 엇갈린다. 해방 후 이화여자대학교를 발전시키며 한국의 교육 발전에 이바지한 여성 명사로 평가되기도 하지만 일제 강점기의 반민족적 친일 행위로 비판을 받기도 한다. 그러나 그도 처음부터 친일파는 아니었다. 미국에서 박사 학위를 받은 조선의 여성 박사 1호인 그는 여성계와 교육계의 발전을 위해 왕성한 계몽 활동을 벌인 민족주의자였다. 그러나 1930년대 들어 일제의 내선일체 정책이 시행되자 스스로 창씨개명을 하고 점점 친일의 강도를 높여 가더니 끝내는 제자들에게 정신대 지원을 권장하기에 이르렀다.

이러한 행보의 배경에는 2차 대전에서 궁지에 몰린 일제의 압력이 있었다. 일제는 조선의 명망가를 앞세워 군인 징집과 물자 수탈을 독려하도록 강요했는데, 이에 대해 식민지 지식인은 학교 폐쇄로 항거하거나 체념하여 소극적인 친일을 선택하는 경우로 갈렸다. 이때 김활란은 소극적 친일을 넘어 아예 적극적인 친일로 기울었다. 그래서일까? 1944년경 악성 안질을 앓을 때 실명할 가능성이 있다는 의사의 말에 그는 이러한 소회를 밝혔다.

"남의 귀한 자식에게 사지死地로 나가라고 했으니, 장님이 되어도 억울할 것 없지. 당연한 형벌이다."

그는 공개적으로 자신의 행적을 반성하지는 않았지만 속으로는 자신의 죄가 가볍지 않음을 인식했던 것 같다.

그러나 그의 친일 행적과는 별개로 평가해야 할 성과가 있다. 사실 대개의 친일파 인사는 일본에 협조한 대가로 자기 자리를 지킬 수 있었고, 특히 근대화에 기여한 인물은 그 업적 때문에 친일의 죄가 상쇄되는 경우가 적지 않았다. 김활란 역시 근대적 교육자이자 여성 계몽 운동의 큰 틀을 세운 인물로서 이화여자대학교의 위상을 크게 올려놓았다. 오늘날 시대 추세로 볼 때 여성 대학교가 진취적인 형식이라 할 수는 없으나 이화여자대학교는 여전히 일류 종합대학으로 평가받고 있는데, 여기에는 초대 총장 김활란의 공이 크다. 지금도 이화여자대학교 캠퍼스에 가면 그의 동상을 볼 수 있으며 이 초대 총장에 대한 학교 측의 예우도 깍듯하다.

실제로 그의 삶은 그의 다음과 같은 한마디로 요약된다.

"어려운 시기에도 어떻게든 이화여자대학교를 살려서 명문 종합대로 키우겠다."

실제로 그는 급변하는 시대에 강자의 편에 섬으로써 고비가 닥칠 때마다 위기를 기회로 만들어 냈다. 일제 말기에 적극적 친일로 학교 폐쇄를 막았다면 미군정 시대에는 적극적인 반공의식을 주장하며 이화여자대학교를 종합대학으로 승격시켰다. 그에 대한 양가적 평가는 그리 새삼스럽지 않다. 한반도에서 친일파와 반공주의자로 근현대사를 거쳐 온 지식인은 그가 남긴 업적 때문에 반민족적 행위가 용서되곤 했던 것이다.

내가 주목하고 싶은 것은 김활란이 대학 발전을 위해 박물관 조성에 적극적으로 개입했다는 사실이다. 실제로 비슷한 시기에 교내에 박물관을 조성한 서울대학교나 연세대학교는 유물의 소장 측면에서 이화여자대학교보다 미흡한 수준이었다. 여기에는 두 대학교가 각각 국가의 지원이나 해외 기독교 단체의 강력한 지원을 받고 있었고, 더욱이 규모 있는 서양식 의대와 병원을 갖추고 있어 근대 교육 기관으로서 비교우위를 지니고 있었다는 배경이 작용한다. 즉 두 대학교는 우수한 학생의 모집에 아무런 어려움이 없는 최고의 근대 교육 기관으로 우뚝 서 있었기 때문에 박물관에 많은 공을 들일 필요가 없었다는 말이다.

반면 이화여자대학교나 고려대학교는 근대 학교의 이미지를 형성할 다른 조건이 필요했고, 그것이 앞선 대학교들보다 내실 있는 박물관을 구축하는 동기로 작동했다. 특히 금남禁男의 상아탑으로서 다른 대학교보다 특별한 무언가가 필요한 상황에서 박물관 시설은 이화여자대학교를 근대 지성의 전당으로 인식시키는 데 안성맞춤이었다. 이러한 이유로 이화여자대학교는 한국전쟁 기간에도 유물 수집의 노력을 그치지 않았고, 부산에 필승각이라는 임시 박물관을 마련하여 전쟁통에 주인을 잃은 소장품을 전시하는 활약을 펼치기도 했다. 그뿐 아니라 조선 4대 명품 도자기라 불리는 국보 107호 백자철화포도문항아리白磁鐵畵葡萄文壺가 이화여자대학교 박물관에 소장된 계기 또한 박물관에 대한 김활란의 이런 각별한 노력 덕분이었다.

## 백자철화포도문항아리의 마지막 주인

이화여자대학교 박물관이 보유한 백자철화포도문항아리는 오늘날 명품 중의 명품으로 평가받는다. 이 도자기는 50센티미터가 넘는 당당한 크기에 포근하고 자연스러운 포도 문양이 돋보이는데, 화선지에 그린 수묵화처럼 뛰어난 농담濃淡 표현이 압권이다. 게다가 17세기 이후 중국의 명·청 왕조가 교체되는 어수선한 시기에 청화 코발트 수입이 원활하지 못해 철화鐵花로 장식되었다는 점도 각별하다.

이 도자기는 어떻게 이화여자대학교 박물관에 자리를

잡게 되었을까? 본래 명품에는 소장 과정이라는 이야깃거리가 따르게 마련으로, 이 도자기에도 만만치 않은 사연이 깃들어 있다. 그러나 그 이야기는 국보로 지정된 17세기 말에서 18세기 초에 제작된 독특한 철화 자기라는 이슈에 가려져 있었고, 무엇보다 당시 1,500만 원이라는 몸값으로 세상을 놀라게 했다. 오늘날 가격으로 환산하면 적어도 30억이 넘는 금액이다.

본래 백자철화포도문항아리는 일제 강점기에 철도국의 일본인 총무과장이 소장하던 유물이었다. 물론 그 이전에는 조선인의 소유였겠지만 자세한 내력은 확인할 수 없고, 일본의 패전과 함께 본토로 철수하는 과정에서 일본인 소유주는 도자기를 조선 땅에 두고 떠날 수밖에 없었다. 그는 한지로 겹겹이 쌓은 도자기를 어느 조선인에게 맡기며 나중에 돌려줄 것을 당부하고 떠났다. 도자기를 맡은 조선인은 그것이 진귀한 백자임을 확인했고, 그 소문이 상인을 거쳐 최고 권력자의 귀에까지 전해졌다. 이 권력자는 이승만 정권 당시 국무총리를 지낸 장택상이었다.

장택상 또한 부조리한 시대가 낳은 기형적 인물이라 할 수 있다. 그는 일제 강점기 당시 독립운동가로 활약했으나 친일파 집안이라는 오점을 지니고 있었다. 사실 당대에 이름 있는 가문에서는 이처럼 친일과 반일 인물이 공존하는 경우가 적지 않았는데, 어쩌면 급변하는 사회에서 가문을 존속시키기 위한 어쩔 수 없는 방편이었는지도 모르겠다.

말하자면 일제 강점기에는 친일로 가문을 유지하고, 해방 후에는 독립투사를 배출한 전적으로 가문을 살리는 식이다. 결국 일제 강점기 당시 가문의 입장에서 독립투사란 일종의 보험 같은 것이었다. 그것이 계획적인 것이든 아니든 집안을 지킬 수 있는 가장 효과적인 방식이었고, 이는 근대 명문가의 뒷모습이기도 했다.

해방 후 장택상은 미군정에 채용되어 수도경찰청장으로 활약하면서 전형적인 극우파의 면모를 보였다. 그는 미군정의 방조 아래 극우적 테러를 저지르면서 친일파를 대거 공직에 기용하고, 이승만 권력에 도전하는 정적을 제거하는 등 무소불위의 권력을 휘둘렀다.

한편 그는 고미술에도 관심이 깊어서 젊었을 때부터 수집 취미를 지니고 있었다. 원래 목표를 정하면 얻고야 마는 성격인지라 백자철화포도문항아리도 장택상의 손에 들어가게 되었다. 그러나 그가 정치 인생에서 새로운 도전장을 던지는 순간 이 도자기는 그의 품을 떠나게 된다. 이승만과의 관계가 불편해진 장택상은 야당 지도자로 활동하기 시작했고, 1961년 박정희가 쿠데타로 정권을 잡은 뒤로는 아예 반독재 운동을 주도하는 민주화 투사로 변신했다. 일제 강점기부터의 정치 역정을 보면 대단히 흥미로운 인물이 아닐 수 없다. 더욱 흥미로운 점은 김영삼과 김대중이라는 거물급 정치인을 발굴한 자도 바로 장택상이라는 사실이다.

야당 지도자로 활동하게 된 그는 턱없이 부족한 정치 자금을 조달하기 위해 백자철화포도문항아리를 처분해야 했다. 당시 거래를 접한 한 고미술상의 회고에 따르면 1962년에 그가 부른 가격은 1,000만 원 이상으로, 온갖 풍상을 다 겪은 노회한 정치가는 이 명품의 값어치를 최대치로 올려놓았다. 당시의 1,000만 원이란 현재가로 환산해도 20억이 넘는 액수인데, 1960년대의 재정 규모로 볼 때 엄청난 수준이었다. 1962년 영화인 『다이얼 112를 돌려라』에서 당대 최고의 인기 배우 문정숙은 1,000만 원의 유산을 상속받은 뒤 악당에게 쫓기는 미망인 역할을 연기했다. 비록 영화지만 1,000만 원이라는 금액이 보편적으로 '거액'이었다는 사실을 증명한다. 당시 주요 고객인 일본인들이 사라진 뒤 미술 시장의 가격대는 급격히 떨어져 웬만한 명품도 100만 원선에서 거래되고 있었으니 1,000만 원이 얼마나 큰돈인지 가늠할 수 있다.

결국 한동안은 사겠다고 나서는 자가 없었다. 그런데 그 놀라운 가격 때문에 과장된 소문이 퍼졌고, 드디어 삼성의 이병철 회장이 관심을 두고 있다는 말이 돌기 시작했다. 당시 이병철은 간송 전형필 이후 가장 활발하게 미술품을 수집하는 인물로 손꼽히고 있었으니, 한번 그의 손에 들어간 유물이 다시 시장에 나타날 일은 없었다. 여러 고객이 숨죽인 채 입맛만 다시고 있을 때 뜻밖의 인물이 등장했다. 그가 김활란이다.

## 백자철화포도문항아리

장택상이 가지고 있던 현 국보 107호
백자철화포도문항아리는
여러 가지 사건을 거쳐
이화여자대학교로 옮겨진다.

현재는 이화여자대학교
박물관의 상징으로 유명세를
얻고 있다.

장택상
1893~1969

1935

이화여자대학교 박물관

김활란은 미술품 중개인을 통해 연락을 취한 뒤 신속하게 도자기를 확인했다. 그러고는 1,500만 원이라는 통 큰 액수를 제시함으로써 흥정의 잡음을 잠재웠다. 지금 돈으로 환산하면 30억이 넘는 액수일 테니, 이 정도면 당시 기준으로 한국의 고미술품 거래사상 가장 비싼 경우가 아닐까 싶다. 사실 이 거래를 받아들이기 어려웠던 이화여자대학교 재단을 설득하느라 김활란이 공을 많이 들였다는 후문이 있다.

이화여자대학교 박물관에서 이 도자기를 소장한 지 1년도 되지 않아 문화재 보호법이 제정 공포되면서 1963년 728점에 이르는 지정 문화재 중 116점이 국보로 재지정되었는데, 이 도자기는 국보 107호로 지정되었다. 이로써 백자철화포도문항아리는 세상을 떠들썩하게 만든 유물이자 이화여자대학교 박물관의 상징이 되었다. 세월이 지나 두 인물이 시대의 뒤안길로 잊혀지면서 그 소장에 얽힌 이야기도 대중의 뇌리에서 잊혔지만 이 작품은 여전히 이화여자대학교 박물관을 대표하는 유물로서 자리매김하고 있다.

그렇다면 과연 이 도자기는 1,500만 원이라는 금액을 지불할 만한 가치가 있었을까? 이에 대해서는 지금의 이화여자대학교가 지닌 이미지와 박물관의 위상으로 대답이 될 듯하다. 이화여자대학교 박물관은 국보인 백자철화포도문항아리 외에도 꾸준한 수집 활동을 펼쳐 총 국보 2점과 보물 8건 11점을 더 확보했으며, 매년 주목받는 상설전과 특별전 기획을 통해 대학 브랜드 이미지를 크게 높이고 있다. 더불어 이화여자대학교 박물관에서 교육받은 학예관 출신들이 고미술과 예술 분야에서 활발히 활동하고 있을 뿐 아니라 꾸준한 노력 끝에 문화재청장까지 배출함으로써 이화여자대학교 박물관은 문화계 인재 양성의 산실이라는 평가를 얻었다.

이화여자대학교 박물관이 거액의 철화백자를 소장하지 않았다면 어떠했을까? 함부로 단정할 순 없지만 적어도 이화여자대학교가 박물관을 통해 구축하고자 했던 이미지는 지금만 못했을 것이다. 그런 면에서 이 한 점의 도자기가 이화여자대학교에 부여하는 상징적 가치는 결코 작지 않다.


## 대학 박물관은 어떻게 전시되는가


1960년대까지도 한국의 박물관은 전국을 통틀어 35곳에 불과했다. 그중 대학 박물관은 놀랍게도 그 절반에 가까운 15개로, 광복 이후 국립 박물관과 사립 박물관이 제자리를 잡기 전까지 대학 박물관은 문화의 공백을 메워 주었다.

초기에 대학 박물관의 중심축은 국립대 부속 박물관이

었으나 서서히 사립대 박물관의 수준이 향상되면서 격차가 좁혀졌다. 그 배경에는 사립대의 운영 기반, 즉 유수한 기업 재단의 지원이 있었다. 즉 재단에서 박물관의 운영 재정을 뒷받침할 뿐 아니라 전시 유물 또한 기업주가 기증한 소장품으로 구성되는 형태였다.

국내 자본가의 이러한 교육 사업은 대학뿐 아니라 중고등학교까지 확대되었다. 당시 제대로 된 산업 기반이 없는 상황에서 교육 사업은 그나마 기업 자산을 관리하고 늘리기에 안정적이었고 국가의 혜택까지 주어졌기 때문이다. 게다가 박물관은 학교 운영에 포함되므로 사립 박물관의 경우처럼 별도의 큰 비용이 투자되지도 않았다. 그래서인지 일찌감치 도전한 몇몇 사립 박물관은 중도에 운영을 포기하기도 했지만 대학교 박물관은 그 명맥을 꾸준히 이어 갔다.

박물관의 역사가 오래된 대학으로는 연세대학교, 고려대학교, 이화여자대학교, 경희대학교, 동아대학교, 동국대학교, 성균관대학교 등이며, 현재까지도 최고 수준의 운영을 자랑하는 대학은 이른바 '3대 대학교 박물관'이라 불리는 고려대학교, 이화여자대학교, 동아대학교 박물관이라 할 수 있다.

유물이 전시되는 방식은 크게 세 가지로 나뉜다.

첫째는 소장한 국보나 보물 그리고 유명한 작품을 유형별로 구분하여 과시적으로 전시하는 스타일이다. 아무래도 국보나 보물의 관심도가 높기 때문에 대중을 상대로 한 홍보 효과가 가장 크다.

둘째는 한 분야의 장르를 선택하여 심층적으로 보여 주는 기획전 방식이라 할 수 있다. 관련 전시품에 관한 깊이 있는 내용을 보여 주어야 하는 만큼 난이도가 높은 편인데, 일반 대중에게 인기를 얻기는 다소 어렵지만 전시로서의 가치는 확실하다. 해외에서는 단순히 많은 작품을 전시하는 형태보다는 이러한 심층 기획전을 잘 소화하는 박물관이 더 높게 평가된다. 이는 신선한 기획전을 통해 박물관의 역량이 드러나기 때문이다.

셋째는 자연스럽게 역사에 대한 이해가 수반되는 교육용 전시다. 이는 박물관이 지닌 공공 가치에 가장 부합하는 형태이기도 하다. 다만 시대 변천의 흐름을 제대로 보여 주려면 각 시대를 대표하는 유물을 골고루 갖춰야 하는데, 그러한 완벽한 구성을 하기란 여간 어려운 게 아니다. 예를 들어 삼국 시대에는 고분에서 출토된 금 장신구와 각 지역의 다양한 철기 및 토기 등을 보유해야 하고, 통일신라 시대에는 금동 불상을 비롯한 귀면와鬼面瓦를, 고려 시대에는 고려청자 및 청동 유물을, 조선 시대에는 분청사기나 조선백자 및 서화와 목가구 등을 갖춰야 한다. 국가 기관이 아니고서는 이 모든 분야의 핵심 유물을 소장하기란 거의 불가능하다. 그뿐 아니라 교육 전시는 꽤 규모 있는 공간이 확보되어야 한다. 앞선 두 유형의 전시는 일부 공간만 활용해도 좋은 효과를 거둘 수 있지만 교육용 전시는 역사의 흐름을 통시적으로 읽을 수 있도록 해야 하므로 관람 시간이나 동선도 길 수밖에 없고 그만큼 넓은 공간이 필요하다. 결국 '국립'의 규모를 지닌 박물관이 아니고서는 이러한 교육 목적의 전시는 기획되기 어렵다.

그럼에도 불구하고 지금까지 거론한 세 가지 유형의 전시를 완벽하게 소화하는 대학 박물관이 있다. 동아대학교의 석당 박물관이다. 이 박물관에는 국보 2점과 보물 14건 54점 등이 포함되어 있는데, 대학 박물관 중에서는 동국대 박물관 다음으로 귀한 문화재를 많이 보유한 곳이다. 더욱이 전체 유물의 수량도 3만 점이 넘어 웬만한 사립 박물관이나 시립 박물관 수준이다. 이러한 결실의 바탕에는 동아대학교 창립자인 석당 정재환 박사와 그의 아들인 한림 정수봉 박사의 신념과 노력이 뒷받침되었다. 이들은 '부산의 간송'이라 불릴 만큼 경상도 지역에서 유명한 문화재 수집가로서, 한국전쟁 당시 유물이 부산항을 통해 일본이나 해외로 유출되는 일을 막았고, 광복 후에는 학교 차원에서 정부의 발굴 사업을 지원함으로써 수준급 문화재를 많이 보유하게 되었다. 더욱이 석당 부자는 한국전쟁 당시 유물을 적극적으로 수집하면서 수집 영역을 확대할 수 있었는데, 피난길에 가보家寶 또는 유품을 잃어버리는 경우나 현금을 마련하기 위해 팔아야 하는 경우가 비일비재했기 때문이다.

이렇게 정성껏 수집한 소장품은 정식으로 대학에 기증되었고, 1959년 학교 도서관 건물에 박물관 공간을 마련하여 전시하다가 1966년 드디어 구덕 캠퍼스에 정식으로 단독 전시관을 개관하기에 이르렀다. 당시만 해도 부산에서 단독 전시 공간을 갖춘 박물관은 동아대학교 박물관과 부산대학교 박물관 두 곳뿐이었다. 당시 대도시의 문화적 현실을 가늠할 수 있는 국면이다.

이후 동아대학교 박물관은 2009년 부민 캠퍼스로 이전했다. 그 공간은 바로 한국전쟁 당시 임시수도 정부 청사로 사용되었던 역사를 지니고 있다. 동아대학교 측은 이곳에 한반도 역사의 흐름을 일별할 수 있는 교육형 상설 전시관과 더불어 다양한 특별 전시가 가능한 공간까지 특별한 정성을 기울였다.

부산에서 동아대학교 박물관의 의미는 남다르다. 부산시립 박물관에서 보여 줄 수 없는 폭넓은 전시 내용을 갖추고 있기 때문이다. 1978년 광주 국립 박물관과 동시에 출범한 부산의 시립 박물관은 부산 명망가들의 후원에 힘입어 전시의 구색을 갖추었으나 국립이라는 명분을 살리기에는 미흡한 편이다. 물론 부산 지역의 명망가였던 김지태가 기증한 금동보살입상과 같은 국보를 소장하고 있기는 하지만 전국 각지의 다양한 유물을 확보하지는 못한 상태다. 경상도민은 경주나 김해의 박물관을 통해 해당 지역의 풍부한 문화유산을 감상할 수 있지만 한반도의 역사를 총체적으로 감상할 수는 없다. 그러니 종합 전시가 가능한 동아대학교의 석당 박물관은 매우 반가운 소식이 아닐 수 없다. 무엇보다도 청소년들이 이 땅의 역사를 시대 흐름대로 생생하게 체험할 수 있다는 점에서 매우 교육적인 공간이라 할 수 있다.

석당 박물관은 매년 4만 명 이상의 관람객을 유치함으로써 공공 서비스 기관으로서의 대학 박물관이라는 새로운 가능성을 제시했다. 말하자면 대학 박물관이 어떻게 사회에 이바지할 수 있는가를 보여 주는 좋은 사례가 아닐까 싶다. 조심스럽지만 대학 박물관의 발전적인 미래를 예측해 본다.

# { 이병철과 삼성 미술관 }

## 1만 원의 가치

지금으로부터 멀지 않은 과거에 비춰 볼 때 오늘날 우리가 누리는 문화 환경은 가히 경이로운 수준이다. 특히 식민 지배와 전쟁으로 인한 폐허의 시대를 살았던 세대라면 이러한 격세지감은 더욱 강렬할 것이다. 오늘날 우리는 마치 항상 그래 왔던 것처럼 박물관 문화를 즐기고 있지만, 그 시작과 과정은 매우 척박했다. 최초의 박물관이 생긴 일제 강점기로부터 전국에 유수한 박물관이 개관 운영되는 지금까지의 여정을 되짚어 볼 때 오늘날의 이 다양한 문화 수혜란 가히 감격스러울 지경이다.

생계가 안정되자 현대인들은 정신문화를 충족시킬 만한 분야에 관심을 갖기 시작했고, 자연스럽게 좀 더 세련되고 고급스러운 전시를 원했다. 더욱이 그러한 문화 향유에 대한 소비의식도 크게 달라져서 문화생활을 위한 비용 지출을 당연한 일로 받아들이게 되었다. 이는 박물관이나 미술관이라는 공간을 공공재로 인식하던 이전과는 사뭇 다른 풍경으로, 사립 박물관과 해외 미술 특별전 등을 찾는 관객이 점점 늘고 있다.

우리나라에서 가장 유명한 3대 사립 박물관이라 하면 간송 미술관, 호암 미술관, 호림 박물관을 꼽는다. 이 박물관들의 공통점은 개인 소장가가 설립하였으며 일반인에게 공개하고 있다는 점이다. 간송 미술관은 일제 강점기에 설립된 최초의 사립 박물관이지만 상설 전시는 하지 않는 반면 호암과 호림 미술관은 상설전과 기획전을 골고루 진행하고 있다.

이들 사립 박물관의 입장료는 약속이나 한 듯 8,000~1만 원선으로, 영화 관람료와 비슷하다. 그래서 종종 영화와 비교하여 문화적 경쟁력이 평가되곤 한다. 1만 원 안팎의 비용에 최소 1시간 30분의 즐거움을 보장하는 영화는 오늘날 가장 인기 있는 대중문화로서, 과거 한때 영화 관람이 곧 문화생활이라는 인식이 보편화되어 있었다. 그 후로 영화 관람료는 문화 상품에 대한 가치 산출의 기준이 되었다. 예컨대 사립 미술관의 입장료는 영화와 비슷하지만 관람 시간이나 문화적 만족도가 영화보다 낮다면 관객으로부터 외면당할 수도 있는 것이다. (참고로 선진국의 박물관 입장료는 대체로 영화 관람료의 절반 수준이다.)

문제는 바로 여기에 있다. 최소한 1시간 30분의 관람 동선을 유지할 만한 소장품을 통해 문화적 감동을 선사해야 한다. 영화와 경쟁하는 구도에서 이 두 가지 조건을 충족시키려면 꽤 세심한 준비가 필요하다. 우선 박물관 내부의 전시 공간도 중요하지만 건물의 외부 조건도 신경 써야 할 대상이다. 다시 말해 박물관에 포함된 공원이나 여러 볼거리를 곳곳에 배치함으로써 관람객이 안팎에서 시간을 보낼 수 있도록 고려해야 한다. 내부의 전시 공간은 한 바퀴 천천히 걸었을 때 30분 이상 소요되는 정도의 규모여야 하며, 전시 작품은 최소한 80여 점 이상 갖춰져 있어야 할 것이다. 그래야만 작품을 감상하면서 천천히 걸었을 때 1시간 30분 정도가 소요된다. 이는 결코 작은 규모가 아니다.

전시 작품은 주연 역할을 하는 명품 그리고 그 명품을 받쳐 주는 조연 역할의 작품으로 구분된다. 주인공인 명품을 관람할 때는 한 자리에 서서 적어도 20~30초 정도 찬찬히 감상할 수 있는 시간이 배려되어야 한다. 이때 고속도로에서 정체 현상이 빚어지는 것처럼 동선의 흐름이 지체되면서 자연스럽게 관객들의 관람 속도도 느려진다. 결국 시선을 사로잡는 뛰어난 명품이 많을수록 관람 시간은 늘어나게 된다. 이는 명품을 많이 전시할 수 있다면 박물관 내부 규모가 굳이 크지 않아도 문제될 게 없다는 뜻이기도 하다. 명품이란 아무래도 국보와 보물이 주요 대상이 겠지만 대중에게 익히 알려진 작품인 경우에도 많은 관람 객을 끌어모으곤 한다.

박물관과 명품은 특별한 관계를 지닌다. 예컨대 명품일 수록 경매나 거래의 최종 소비자는 박물관과 미술관이 되 는 경우가 많다. 이때 매입가는 큰 폭으로 상승한다. 왜냐 하면 작품이 전시관 중앙에 놓였을 때 많은 대중을 모을 수 있을 뿐만 아니라 박물관의 명성을 높이기 때문이다.

박물관은 전시 작품 외의 다른 즐길 거리도 갖추어야 한 다. 박물관이라는 건물 자체의 구조를 이용한 다른 재미 요소가 있을 때 관람객은 전시 자체를 즐거운 기억으로 간 직하게 된다. 물론 이는 충실한 전시 내용을 전제로 한다. 건물 외관은 화려한데 전시가 신통치 않다면 좋은 평가를 받기 어렵다. 박물관의 주인공은 누가 뭐래도 전시품이기 때문이다.

마지막으로 전시의 감상을 간직할 수 있는 여러 가지 상 품, 즉 도록을 포함한 기념상품을 마련하는 것도 박물관 에 대한 좋은 인상을 심어 주는 한 방법이다. 훌륭한 박물 관일수록 이러한 상품 구성에 각별히 신경을 쓰는데, 이는 전시의 감동을 돕는 세심한 서비스라 할 수 있다.

지금까지 간단히 설명했지만 이러한 조건을 제대로 갖 춘다는 게 쉬운 일이 아니다. 3대 사립 박물관 또한 어느 날 갑자기 유명해진 것은 아니다. 상황에 따라서 조금씩 내실을 기하다 보니 대중에게 인정받게 된 것이 아니겠는가. 특히 삼성이 용인에 세운 호암 미술관 그리고 그 노하우를 바탕으로 최근 서울에 세운 리움 미술관은 아시아권에서도 보기 드물게 완성도 높은 사립 박물관으로 평가되고 있다. 리움 미술관은 국립 박물관에 비해 교통이 좋은 편이 아니지만 이곳을 찾는 관람객은 매년 20만 명이 넘는다. 그중에는 명성을 듣고 일부러 찾아오는 외국인 관람객도 적지 않다.

## 이병철의 두 얼굴

기업인이 세운 박물관을 이야기할 때 이병철이라는 인물을 빼놓을 수 없다. 그의 호암 미술관은 내용으로나 형식으로나 놀라운 완성도를 자랑하기 때문이다. 한국 미술문화계의 수준을 한 단계 올려놓은 그는 과연 누구인가.

20대 후반 이병철은 정미소 운영을 시작으로 일찌감치 사업가의 길로 들어섰다. 이후 안정 궤도에 들기 전까지는 크고 작은 실패를 거듭하면서 불안정한 도전의 과정을 거쳤다. 그러나 해방 이후 삼성물산, 제일제당, 제일모직 등의 회사를 설립하여 각각의 분야에서 단단히 뿌리를 내렸고 어느덧 이승만 정권 말기에는 한국을 대표하는 기업체의 창업자로 우뚝 서게 되었다. 1961년 5월 16일 쿠데타와 함께 박정희 정권이 들어섰을 당시에는 한동안 정치 공세에 시달리기도 했으나 산업화에 역점을 둔 국가 정책과 맞물리면서 그가 일군 기업들은 다시금 승승장구했다. 사업 영역도 기존의 비료, 조미료, 설탕, 모직 등의 1차 산업에서 대폭 확장되어 중공업, 전자, 언론, 병원, 대학교, 금융 등의 2·3차 산업까지 확대되었다. 현재 삼성이란 대기업의 틀은 이때 이미 갖추어진 셈이다.

요즘 사람들은 삼성 신화에 대해 이야기할 때 이건희라는 인물을 떠올리지만 엄밀히 말해 이건희는 부친이 일궈놓은 텃밭을 잘 가꾼 경영자로 보아야 할 것이다. 그는 자동차 사업에 진출했다가 실패한 후로 새로운 분야를 확장하기보다는 기존 계열사들의 내실을 탄탄히 다져서 사세를 확장했다. 사실 삼성이 반도체와 전자 사업 분야에서 선두주자로 급부상하여 세계를 깜짝 놀라게 한 것 역시 미래의 사업 분야를 예측했던 이병철의 공이라 할 수 있다.

흥미로운 사실은 이병철의 성공을 계기로 한국에서 부자의 개념이 바뀌었다는 사실이다. 구한말 시대부터 일제 강점기까지 부자란 대체로 토지를 많이 소유한 소위 '만석꾼'을 의미했다. 그러나 이 땅의 만석꾼들은 국가 정책의 실패와 한국전쟁 등의 여파로 1950년대에 거의 몰락했고, 간혹 기업을 일군 만석꾼 중에서도 성공한 경우는 10퍼센트에 불과했다. 그나마 민첩하게 사학재단 사업에 투자하여 재산을 보전한 일부 부자가 대부분이었다. 그런데 산업화 시기부터는 기업 활동을 통해 자산을 축적한 계층이 만석꾼의 지위를 대신하기 시작했고, 그 대표적 인물이 삼성의 이병철이다. 물론 그에 대한 비판도 적지 않았다. 무노조 경영으로 인한 노동자의 권리 박탈, 황제 경영, 문어발 확장, 정경 유착……. 이는 집약적 성장을 일군 우리 경제의 그늘진 면으로, 부정적인 시대상을 대변하고 있다.

그러나 내가 주목하고자 하는 사람은 기업가로서의 이병철이 아니라 수집가로서의 이병철이다. 잘 알려진 바와 같이 이병철은 열정적인 고미술품 수집가였다. 그의 수집은 1965년 삼성문화재단을 설립하면서 본격적으로 시작되었는데, 그 품목들을 살펴보면 굴지의 재벌이 수집에 열중할 때의 수준이 어떠한지를 보여 준다.

마침 1965년 한일협정이 체결됨과 동시에 일본 자본이 대거 한국으로 유입되면서 한국 고미술은 심각한 위기에 처했다. 일제 강점기 못지않게 한반도 유물이 일본으로 유출되는 현상이 재현된 것이다. 1960년대 한국의 국가 경제력이나 국민소득은 후진국 수준이었으므로 고미술 분야에서도 자본력을 앞세운 일본의 매수 행위에 대적하기는 역부족이었다. 게다가 이 땅을 지배하던 시절에 대한 향수 때문인지 일본인들은 식민지 세대가 경제 전선에서 은퇴하는 시점인 1990년대 중반까지 한반도 유물을 수집하는 데 끈질긴 애착을 보였다. 이에 대하여 한국 정부는 고미술 보호 관련 법안을 마련하여 유물이 마구잡이로 유출되는 것을 막고자 했으나 금전은 법보다 강력한 힘을 발휘하는지라 많은 일류 문화재가 법망을 피해 일본으로 빠져나갔다.

이런 상황에서 문화재에 관심을 갖기 시작한 이병철의 적극적인 행보는 법보다 효과적인 대책이 되어 주었다. 이병철은 시세보다 높은 금액으로 고미술품을 매입함으로써 일본으로 유출되던 흐름을 주춤하게 만들었으며, 때로는 매매상이 제시한 가격보다 30퍼센트나 높게 값을 얹어 줌으로써 거래의 주도권을 장악했다. 매매상들 또한 불법적인 모험을 감수할 필요가 없기 때문에 이병철을 시장 최고의 고객으로 삼았다.

이병철은 간혹 삼성이 주최하는 문화 행사에 여러 소장가를 초대하여 대접하는 이벤트를 벌이기도 했다. 이렇게 친분을 쌓자 자신의 소장품을 이병철에게 넘기는 소장가도 적지 않았다. 고미술품 거래에서는 돈만으로는 통하지 않는 조건이 하나 있는데, 소장가의 사회적 신뢰도가 바로 그것이다. 즉 삼성 그룹의 이병철이라는 수집가와 거래를 한다는 건 소장품의 품격을 보장하는 것이었다.

이러한 과정에서 이병철의 수중에 들어간 작품 중 가장 유명한 것을 꼽는다면 바로「인왕제색도」仁王霽色圖가 아닐까 싶다. 진경산수화의 대가이자 조선 최고의 화가로 손꼽히는 정선의 이 작품은 60년 지기인 이병연을 위해 그린 작품으로 확인되어 더욱 높은 가치를 인정받았다. 정선은 이병연이 중한 병에 걸려 앓아누웠다는 소식을 듣고 벗의 집을 찾아갔고, 거센 비바람이 몰아치다가 갑자기 갠 인왕산의 여름 풍경을 목격했다. 짙은 구름에 가려졌던 인왕산의 바위가 그 얼굴을 내미는 웅장한 장관을 바라보던 그는 다급히 종이와 먹을 가져다 그 풍경을 담아냈다. 인왕산을 타고 넘는 구름의 역동적인 모습을 빠른 붓놀림으로 그리면서 그 밑에 이병연의 집을 고즈넉이 그려 놓은 데는 아마도 비구름이 바람에 걷히듯이 친구의 병마가 말끔히 사라지기를 바라는 심정이 담긴 게 아닐까 싶다. 그러나 안타깝게도 작품이 완성되고 나서 얼마 후 이병연은 죽음을 맞았다. 이러한 사연을 떠올리며 「인왕제색도」를 감상하면 정선의 다른 그림에서는 느낄 수 없는 묘한 감동을 받는다고 말하는 사람들이 많다. 벗을 걱정하는 정선의 간절한 심정이 담겨 있기 때문이 아닐까?

이후 「인왕제색도」는 여러 소장가의 품을 전전했다. 순조 초기 정순왕후와 함께 남인 등 벽파 반대 세력을 제거한 인물로서 비판을 받았으며 훗날 영의정에 올랐던 심환지는 정선의 손자 정황으로부터 「인왕제색도」를 넘겨받았다. 예술에 대한 식견이 탁월했던 심환지는 「인왕제색도」에 대한 애정이 지극하여 작품의 위쪽 빈 공간에 칠언절구의 제시題詩를 직접 써넣었는데, 그가 죽은 뒤에는 후손들이 「인왕제색도」를 놓고 제사를 지냈을 정도라 한다.

시간이 흘러 그림의 소유주는 다시 바뀌었다. 정조 치세에 시파가 권력을 차지한 이후 오랜 세도 정치로 이어지면서 벽파의 수장이었던 심환지에 대한 비판이 심해졌고, 이 명작이 다른 사람에게 넘어가는 과정에서 심환지의 칠언절구 제시가 잘려 나가 「인왕제색도」의 그림 윗부분까지 함께 훼손되고 말았다. 일제 강점기 무렵에 이르러 「인왕제색도」는 개성의 이호섭을 거쳐 또 다른 유명한 소장가 손재형의 소유가 되었다. 만석꾼에 버금가는 부자인 데다 서예가로 활동했던 손재형은 추사의 서예 작품과 정선의 대표작을 대거 소장한 문화계의 큰손이었다. 그러한 인물이 보관하고 있었던 만큼 「인왕제색도」의 가치는 훌쩍 뛰어올랐다. 그 후 1970년대 「인왕제색도」는 손재형의 품을 벗어나 이병철의 수장고로 넘겨지는데, 이는 국회의원 출마 자금을 빌리는 조건으로 정선의 또 다른 대표작 「금강전도」金剛全圖와 함께 삼성에 맡겨 두기로 한 것이었다. 그러나 그의 낙선과 함께 금쪽같은 소장품들은 고스란히 이병철의 소유가 되었다. 이 작품들의 가치를 누구보다 잘 알고 있던 이병철이 나중에 웃돈을 더 얹어 주었다는 후문인데, 당시 이런 거래는 보기 드문 경우였기에 훈훈한 미담으로 남았다.

이병철이 보여 준 신사적인 태도는 여러 소장가에게도 영향을 미쳤다. 다시 말해 작품의 가치에 합당한 거래 가격이 형성되기 시작한 것이다. 마침 1960~1970년대의 경제 성장기와 맞아떨어지면서 고미술의 가격대 또한 점점 올라갔다. 일제 강점기 이후 비로소 다시 맞게 된 전성기였다.

이처럼 이병철의 수집은 늘 세간의 화제였던 반면 간송 전형필은 그러한 이슈의 바깥에 있었으면서도 당대 대중이 인정한 최고의 고미술 수집가였다. 1971년 1월 22일 자 동아일보 기사를 통해 그 사실을 확인할 수 있다.

"이번 첫 번째로 등록을 해 온 수장가는 한국 제일의 수장가 전성우(간송 전형필의 아들) 씨였으며, 나머지 58명의 수장가들도 이병철 씨를 비롯한 거물급 수장가들이다."

당시 정부는 개정된 문화재 보호법에 따라 문화재 관리국에 개인 소장가의 소장품을 등록하도록 했는데, 이 동아일보 기사를 보면 1970년만 해도 초반 소장품의 질과 양적인 측면에서 '한국 제일의 수장가'는 간송이었음을 확인할 수 있다. 그리고 이병철은 58명의 거물급 수집가를 대표하는 인사에 불과했다.

그러나 1971년 4월 20일부터 2개월간 덕수궁 시절의 국립 중앙 박물관에서 '호암 수집 한국미술 특별전'이 열리자 세간의 평가는 뒤집혔다. 2층의 4곳 전시실을 할애하여 모두 203점이 동원되는 제법 큰 규모의 전시였는데, 국보 133호인 청자진사연화문표형주자靑瓷辰砂蓮華文瓢形注子를 비롯한 국보급 유물 7~8점이 포함되자 언론은 이 전시를 대서특필했다. 이는 당시 개인 소장 전시로서는 최대 규모로서, 사람들은 이병철의 엄청난 소장력을 직접 눈으로 확인할 수 있었다. 특히 이병철이 가장 아끼는 작품으로 알려진 가야 금관은 도록의 표지를 화려하게 장식하면서 큰 화제가 되었다.

그 여세를 몰아 1982년 이병철은 그간 심혈을 기울인 호암 미술관을 개관했다. 용인에 위치한 이 미술관은 당시 사립 박물관으로는 타의 추종을 불허하는 규모로서, 이곳을 관람한 사람들은 이제 한국 고미술의 중심축이 삼성으로 넘어왔음을 깨달았다.


## 호암 미술관과 리움 미술관

이병철의 호암 미술관은 지금까지 꾸준히 소장품목을 늘림으로써 현재 보유한 국보만 해도 37점이며 보물은 105점에 이른다. 총 142점의 최상급 문화재를 보유하고 있다는 것은 국내 사립 박물관 중에서는 단연 독보적일 뿐만 아니라 국립 박물관 중에서도 경주 국립 박물관의 세 배 이상의 규모를 자랑한다. 특히 호암 미술관에서는 국립 중앙 박물관에서도 볼 수 없는 희귀한 유물을 여럿 소장하고 있는데, 대표적으로 15~16세기 제작된 초기 청화백자와 「수월관음도」로 유명한 고려 불화 등이다.

조선 초기에 제작된 청화백자도 호암 미술관의 자랑이다. 원래 몇 점 안 되는 희귀 품목인지라 A급 유물의 경우 거래가 50억 이상까지 형성되어 있는데, 그래서인지 일본 박물관과 국립 박물관에 몇 점 소장되어 있을 뿐 사립 박물관에서는 보기 드물다. 그런데 광복 이후 유물 구입에 소극적이었던 국립 중앙 박물관에 비해 호암 미술관은 적극적으로 구매에 나선 덕분에 작품성이 뛰어난 청화백자를 여러 점 보유하게 되었으며, 그 덕분에 15~16세기의 청화백자에 관한 한 국립 박물관을 능가하고 있다.

한국 전통예술의 대표작으로 손꼽히는 고려 불화도 마찬가지다. 가장 인기를 얻고 있는 관세음보살, 아미타불, 지장보살의 경우 근래 들어 한국에서 적극적 구입 의사를 보이다 보니 가격이 폭등하여 이제는 20~50억은 주어야 하며, 주제와 질에 따라 가격의 움직임도 크다. 이 또한 국립 중앙 박물관에는 극히 적고 호암 미술관을 포함한 몇몇 사립 박물관에 소장되어 있다.

호암 미술관이 보유한 대작들을 좀 더 살펴보자. 대가야 고분에서 출토된 금관(국보 138호), 우리나라에서 가장 오래된 나전 공예품 중 하나인 통일신라 나전단화금수문경 螺鈿團花禽獸文鏡(국보 140호), 거북이 등껍질에 금과 옥을 장식한 통일신라 장식 빗, 당당한 크기로 유명한 고려 금동 대탑(국보 213호), 청자에 동으로 장식한 청자진사연화문표형주자(국보 133호) 등을 감상할 수 있으며 정선, 김홍도, 김정희의 진귀한 그림들을 만날 수 있다. 그런 만큼 호암 미술관은 가히 보물 창고라 할 만하다. 국내 유물을 기반으로 하는 박물관 가운데 질적으로 이보다 나은 소장품을 보유한 곳은 찾아보기 어렵다. 실제로 필자도 이곳을 찾을 때면 매번 가슴 벅찬 감동을 느끼곤 한다.

어느덧 호암 미술관의 공간은 포화 상태에 이르렀다. 소장품을 다 소화할 수 없는 상태가 되자 삼성은 소장품을 전통 분야와 해외 분야로 나누어 전시하기로 하고, 2004년 새롭게 현대적인 박물관을 건립했다. 그것이 서울 한남동에 위치한 리움Leeum 미술관으로, 그 이름은 설립자의 성씨에 미술관을 뜻하는 어미 'um'을 합성한 것이다.

용인의 호암 미술관이 불국사의 형태를 모방한 건축물이라면 리움 미술관은 세계적인 명성을 지닌 건축가들의 설계로 탄생한 현대식 미술관으로 안팎의 다양한 구조를 즐기는 재미가 쏠쏠하다. 특히 뮤지엄 1 고미술 전시 건물은 중앙의 원통형 길을 따라 내려가며 4개의 전시실을 차례로 관람하는 인상적인 구조를 띠고 있다. 이렇듯 독특한 현대적 디자인에 참여한 건축가는 스위스의 마리오 보타, 프랑스의 장 누벨, 네덜란드의 렘 쿨하스 등으로, 건축가들의 이름만으로도 이미 미술관은 높은 홍보 효과를 거두었다. 한편에서는 리움의 공간 배치가 지나치게 폐쇄적이어서 미술관이라기보다는 마치 보물을 모아 놓은 창고 같다고도 하는데, 이는 관객과의 소통 면에서 발생하는 불편을 지적한 것이다.

어쨌거나 세계적인 수준의 현대 건축가가 설계한 박물관을 찾는다는 건 흥미로운 일이다. 아시아에서 이렇듯 문화 예술 공간에 대한 투자를 시도한 나라는 지금까지 일본이 유일한데, 그리고 보면 리움 미술관은 현재 한국의 경제적·문화적 위상을 말해 주는 척도가 아닐까 싶다. 삼성의 입장에서도 리움 미술관이 지니는 의미는 남다르다. 이미 준공 전부터 이목을 집중시킴으로써 한국의 경제를 이끌어 온 대기업의 문화적 이미지를 상징하는 공간이 되었다.

리움 미술관은 그 외관뿐 아니라 전시 내용에서도 혁신적인 변화를 보여 주었다. 용인의 호암 미술관과는 달리 첨단 기술을 도입하여 세계적 추세를 소화하는 품격을 드러냈는데, 예를 들어 지금은 대중화되었으나 IT 기술을 응용한 터치스크린으로 유물을 확대하거나 이동하여 감상할 수 있는 방식을 처음 선보였으며, 소장품 관리에 새로운 방식을 도입하여 국립 박물관이나 여타의 사립 박물관에도 영향을 끼쳤다.

리움 미술관이 개관되었을 때는 수준 높은 고미술품을 포함한 국내외의 근현대 작품을 망라하여 국립 중앙 박물관과 국립 현대 미술관의 핵심을 모았다는 호평을 받기도 했다. 과거와 현대의 작품이 한 공간에서 전시되는 경우는 가까운 일본이나 유럽이나 미국에서만 접할 수 있는 전시였기에 특히 신선한 충격이었다. 여기에 중국 고미술품과

## 이병철
### 1910~1987

이병철로 시작된 삼성 사립 박물관은
현재 호암 미술관, 플라토 미술관,
리움 미술관으로 다양하게 펼쳐지고 있다.

호암 미술관
# 1982

플라토 미술관
# 1999
~2016

리움 미술관
# 2004

플라토 소장
로댕 「칼레의 시민」

인상파로 대변되는 서양 근대 회화까지 포함되었다면 세계 최고의 사립 박물관을 거느린 미국 수준까지는 아니어도 일본 사립 박물관보다는 더 높은 평가를 받았을 것이다. 물론 현재의 전시 수준만으로도 리움 미술관은 고미술 중심의 일본 사립 박물관, 예컨대 이데미츠 미술관, 네즈 미술관, 마츠오카 미술관 등에 견주어 전혀 뒤지지 않는다.

한편 리움 미술관이 모든 이들에게 찬사를 받은 것은 아니다. 리움 미술관의 운영을 비판적으로 바라보는 이들은 탁월한 유물과 훌륭한 전시 공간을 갖추긴 했지만 유명세에 비해 전시 수준은 미흡하다고 평가한다. 다시 말해 뛰어난 건축가들을 기용하여 멋진 외관을 마련해 놓았지만 정작 전시 기획은 기대에 못 미쳤다는 것이다. 실제로 세계적인 전시를 선보이겠다던 당초 의욕과는 달리 리움 미술관은 유물을 백화점 나열식으로 보여 주는 단순한 기획전이 대부분이다. 이는 스토리텔링에 따라 유물을 배치하여 관객이 자연스럽게 이야기를 따라가게 하는 선진 전시 방식에 비하면 격이 떨어진다. 이는 세계적인 기업인 삼성이 쌓아 올린 이미지에 미치지 못하는 수준으로, 오히려 호암 미술관 시절보다 못하다는 평가를 받고 있다. 그마저도 관장이 사퇴하는 등 불미스러운 일이 발생하여 3년 가까이 운영이 중단되기도 했다.

이러한 비판에는 삼성 그룹에 대한 저간의 불편한 심사도 한몫하고 있다. 그중의 하나는 한국 재벌의 고질적인 불법 승계와 관련이 있다. 그 내력을 들여다보자면, 1973년 위암 수술을 받은 직후 이병철은 경영권 승계와 재산 증여에 돌입했다. 1977년부터 본격적인 지분 승계가 시작되었는데 후임 회장으로 낙점된 인물은 셋째 아들 이건희였다. 경영권 방어가 가능한 재산을 증여하려면 그에 상응하는 거액의 세금을 내야 했는데, 이 과정에서 기업 내 박물관 등을 운영하는 삼성문화재단이 편법적으로 이용되었다. 말하자면 증여세를 내지 않기 위해 이병철은 대량의 주식 지분을 문화재단에 기증한 뒤 아들인 이건희가 재단의 주식을 다시 사들이는 식으로 막대한 부를 물려준 것이다. 이는 당시 기업의 문화 지원 활동을 장려하기 위해 마련된 문화재단의 증여세 면제 규정을 악용한 것이다.

이 사건이 알려지자 삼성에 대한 비난이 빗발쳤으나 법을 위반한 것이 아니었기 때문에 맹렬하던 비난의 열기도 금세 잦아들고 말았다. 이후 1990년 문화재단에 대한 법률이 대폭 개정되어, 공익 법인에 재산을 출연하더라도 발행 주식의 20퍼센트 초과분에 대해서는 상속 및 증여세를 과세하도록 했다. 소 잃고 외양간 고치는 식이었지만 삼성 이후 이러한 편법이 악용되는 것을 막기 위해서라도 반드시 개정될 필요가 있었다. 지금은 기준이 더 엄격해져서 5퍼센트를 초과하면 과세하는 것으로 바뀌었다.

중요한 것은 일명 사회 기여 차원에서 운영되어야 할 기업의 문화재단이 불법적인 재산 증여의 도구로 이용되었다는 사실이다. 그 후로 시간이 흘렀지만 이때 형성된 부정적인 기업 이미지는 지워지지 않았고, 삼성이 아무리 멋지고 세련되게 박물관을 운영해도 불신의 시선은 여전했다. 더욱이 리움 미술관 개관 이후로 작품 거래 과정에서 여러 사건이 터지면서 삼성의 미술관 운영에 대한 의혹이 더욱 깊어졌다. 즉 미술관의 운영 목적이 문화 예술 사업 그 자체가 아니라 삼성 일가의 재산을 관리하기 위한 방편이 아니냐는 것이다.

결과적으로 삼성은 박물관이 상징하는 문화적 공공성의 가치를 훼손시키고 말았다. 오랜 기간에 걸친 수집으로 타의 추종을 불허하는 소장품을 보유하고 있고 세계적 수준의 박물관까지 지녔지만 떳떳하게 운용하지 못하는 상황이니 더욱 안타깝다. 어쩌면 이렇듯 박물관 외적인 문제와 연루되는 현상은 리움 미술관뿐 아니라 그 밖의 다른 사립 박물관의 숙제이자 우리의 박물관이 앞으로 풀어 나가야 할 과제다.

# { 사립 박물관의 철학 }

## 도덕적 선례를 남긴 게티 미술관

시대를 막론하고 대부분의 사람들은 부자가 되기를 꿈꾼다. 그러나 극소수만이 부자의 대열에 진출하며, 그런 탓에 대중은 부자를 부러워하는 한편으로 부의 집중 현상에 예민하다. 그렇다면 선망의 대상인 부자의 운명은 어떠할까. 막대한 부를 거머쥔 소수의 부유층 중에서도 자신의 부를 오랫동안 유지하는 이는 드물다. 어떤 이는 당대에 몰락하기도 하고 운 좋게 부를 유지했다 해도 후손이 탕진하는 경우가 대부분이다.

그래서 돈이 많은 사람일수록 돈에 대한 고민이 더 크다. 대개 자신의 재산을 증식할 방법을 찾기보다는 어떻게 하면 재산을 지킬 수 있을까 하는 고민이 더 많다. 그런가 하면 전혀 다른 방식을 선택한 사람도 있다. 바로 세계적인 부호라 할 수 있는 빌 게이츠와 워런 버핏이다. 이들은 천문학적인 자산을 보유하고 있으나 '기부와 자선'의 아이콘이기도 하다. 이들은 사회 환원을 통해 단순히 재산이 가장 많은 부자가 아니라 가장 영향력 있는 인물로 거듭날 수 있었다.

그렇다면 이전 시대에는 어떤 부자가 있었을까. 『포브스』에서는 1960~1970년대를 대표하는 세계 최고의 부자로 폴 게티라는 미국의 사업가를 꼽았다. 그는 당시 가장 활발했던 석유 사업으로 막대한 돈을 벌었고, 기업 합병 등을 통해 기업을 세계적인 수준으로 끌어올렸다. 그후 전문 경영가에게 회사를 맡기고 일선에서 물러나 주식과 부동산 투자에 몰입했는데, 이 분야에서도 탁월한 수완을 발휘하여 끊임없이 부를 창출했다. 게다가 최고 갑부로서의 노하우를 『플레이보이』에 연재했는데, 이 글들을 엮은 책마저 베스트셀러가 되었다. 그야말로 마이더스의 손이었다.

세기적인 부자가 말하는 부의 비법이란 무엇일까? 그의 충고는 다소 엉뚱하고도 직관적이었다. 예컨대 이런 유명한 구절이 있다.

"지구상의 모든 돈과 재물이 어느 날 오후 3시에 전 세계 사람들에게 골고루 나누어진다고 할 때 30분 후면 각각의 사람들이 소유한 재산에는 상당한 차이가 있을 것이다."

"자기 돈을 실제로 계산할 수 있는 사람은 진짜 부자가 아니다."

어디선가 많이 들어 본 듯한 이 발언의 주인공이 폴 게티다. 그러고 보면 시대와 장소를 초월하여 우리에게까지 그의 말이 익숙할 정도니 그가 얼마나 영향력 있는 부자였는지 짐작할 만하다. 어쨌거나 자신의 체험으로 형성된 그의 경제 철학은 예리한 구석이 있다.

이러한 성공 신화에도 불구하고 개인의 삶은 그리 행복하지 않았다. 정확한 이유는 알 수 없지만 그는 결혼과 이혼을 다섯 차례나 반복했고, 이러한 결혼 생활에 대한 대중의 비판과 조롱이 쏟아지자 여섯 번째 결혼은 없을 것이라고 선언했다. 말년에는 유괴범에게 손자가 납치되는 일을 당하기도 했는데, 그는 범인이 요구한 몸값을 끝까지 내주지 않았다. 그 탓에 손자는 귀가 잘리는 참변을 당했고, 그는 피도 눈물도 없는 수전노라는 이미지를 얻었다. 한편 아들과 손자 중에는 자살을 하거나 수렁에 빠진 삶을 산 사람도 있다. 그는 다음과 같은 고백을 남겼다.

"진부하지만 돈으로 행복을 살 수 없다는 말을 믿기로 했소."

한때 세계 최고의 부자도 결국 이 진리를 비켜 갈 수 없었던 모양이다.

구두쇠로 소문이 난 폴 게티는 말년에 접어들어 전혀 다른 프로젝트에 도전함으로써 자신의 삶을 다른 방향으로 이끌었다. 그 도전이란 바로 박물관을 세우는 것이었다. 원래 미술품 애호가였던 그는 수집에도 관심이 지대하여 세계를 돌아다니는 틈틈이 미술 작품을 사 모으곤 했는데, 1953년 이렇게 수집한 작품들을 전시할 박물관을 로스앤젤레스에 지었다. 일명 '게티 빌라'로 불리는 이 미술관이 개관된 이후에도 그의 수집은 계속되었고, 그에 따라 게티 빌라는 세계 어느 박물관에 비교해도 뒤지지 않을 만한 구색을 갖춰 나갔다. 소장품의 분야와 시대도 다양하여 그리스와 로마의 유물을 비롯한 중세의 유물과 근현대의 회화를 망라했다.

그는 자신에 대한 부정적인 이미지, 즉 탐욕스러운 부자라는 인식에서 벗어나 훌륭한 박물관의 설립자로서 세상에 기억되기를 바랐다. 그리하여 1976년 여든넷의 나이로 세상을 떠날 때 7억 달러를 문화재단에 기증하여 미술관을 자립적으로 운영할 수 있는 기반을 제공했다. 오늘날의 시세로 환산해 보면 4조 원이 넘는 액수다. 물론 그가 소장했던 작품들도 모두 재단에 기증되었다. 이렇게 부자 한 명의 통 큰 기부와 기증으로 인해 비약적인 발전을 맞게 된 게티 재단은 로스앤젤레스가 훤히 내려다보이는 산중턱에 새로운 미술관을 마련하기로 했다. 전시 공간을 포함하여 상점, 도서관, 연구실, 홍보 기관, 교육 시설, 미술품 관리 시설까지 갖춘 게티 센터는 개인이 세운 박물관으로는 거의 최대 규모를 자랑하는데, 건물 조성에 들인 비용만 해도 1억 3,000만 달러였다. 오랜 준비를 거쳐 1997년 드디어 개관한 게티 센터는 미국에서 다섯 손가락 안에 꼽히는 박물관일 뿐 아니라 관람객 만족도 역시 세계 10위 안에 든다.

　게티 센터가 이만한 위상을 차지한 데는 소장품에 대한 신사적인 관리 방식도 한몫을 했다. 예를 들어 소장품이 도굴되거나 불법 유출된 유물인 경우 해당 국가에 반환하는 모범을 보임으로써 유럽의 다른 박물관과는 차별된 도덕성을 발휘했다. 물론 반환 대상으로 선정하거나 수량을 확정하는 과정에서 상대 국가와의 팽팽한 신경전을 피할 수는 없었겠지만 대중적으로 널리 알려진 박물관이 이러한 결정을 내렸다는 점에서 의미 있는 선례를 남겨 놓았다. 게티 센터가 소장해 온 기원전 4세기의 황금 화관이 그 대표적인 사례다. 1990년 그리스 북부 지방에서 한 농부가 도굴한 이 유물은 독일과 스위스를 거쳐 1993년 게티 센터로 흘러들었고, 이에 게티 센터에서는 이 유물을 2007년 그리스로 반환하기로 결정했다. 이와 비슷한 사정으로 인해 게티 센터가 이탈리아와 그리스로 반환한 유물은 대략 47점이 넘는다. 이로써 게티 센터는 타국의 유물을 가장 많이 반환한 양심적인 박물관이라는 이미지를 얻게 되었다.

　재단 운영도 혁신적이었다. 게티 집안의 인물이 아닌 외부 전문가에게 이사장과 관장직을 맡기는 방식으로 공공성과 투명성을 공고히 했으며, 나아가 관장을 포함한 고위 운영자의 연봉을 홈페이지에 공개하여 운영 관리의 의혹을 차단했다. 그런가 하면 관람객에게 입장료를 받지 않는 무료 관람의 원칙을 내세웠다. 이러한 시도는 당연히 미술관에 대한 신뢰로 이어졌다.

게티 센터가 혁신적인 운영으로 대중의 신뢰를 구축하자 2013년 리히텐슈타인 재단은 리히텐슈타인의 유작 판화 1만 9,000여 점과 개인 기록물 18만 3,000점을 게티 센터에 기증하기로 했다. 작가의 유작을 제대로 관리할 수 있고 전시도 믿을 만한 곳으로 인정받은 셈이다. 한국에서 리히텐슈타인은 모 재벌이 90억 원에 구입한 「행복한 눈물」Happy tears 의 작가로 유명세를 탄 적이 있다. 이렇듯 도덕적 신뢰를 기반으로 풍부한 소장품을 갖춘 게티 센터에 대한 애정과 자부심은 이제 로스앤젤레스를 떠나 미국 전체의 것이 되었다.

현재 폴 게티가 문화재단에 기증한 자산은 꾸준한 투자를 통해 100억 달러에 육박하며 금융 자산만도 60억 달러에 달한다. 이런 재정 능력은 미국 최고의 박물관이자 세계 3대 박물관으로 꼽히는 메트로폴리탄 박물관 재단의 3배 이상에 해당하는 규모로, 늘 신선하고 다양한 기획전을 가능하게 해 주었다. 이뿐 아니라 창립자가 타계한 지 수십 년이 지났어도 탄탄한 자산을 기반으로 작품을 꾸준히 수집하여 어느덧 사진 작품을 포함해 200만 점이라는 숫자를 과시하고 있다.

로스앤젤레스 시민을 비롯한 국내외 예술 애호가의 발길이 끊이지 않는 게티 센터는 매년 130만 명이 넘는 관람객이 찾고 있다. 아무래도 대중에게 좋은 이미지로 남고자 했던 폴 게티의 목표는 성공을 거둔 듯하다. 그는 더 이상 구두쇠 재벌이 아니라 훌륭한 박물관을 사회에 환원한 예술 애호가로 기억될 것이다. 기업가의 생애로서 참으로 고무적인 경우가 아닐 수 없다.

## 재벌의 문화재단

미국에는 게티 센터처럼 기증을 받고 재단을 통해 운영되는 박물관이 여럿 있다. 메트로폴리탄 박물관, 필립스 컬렉션, 뉴욕 현대 미술관, 구겐하임 미술관 등이 대표적인 경우다. 물론 프랑스, 영국, 독일과 같은 유럽에서도 이러한 방식의 박물관을 많이 볼 수 있다.

이렇듯 재단 형태로 운영되는 서구의 문화 사업을 주의 깊게 살펴볼 필요가 있다. 한국의 재단이 기업주의 재산을 보호하는 차원에서 벗어나지 못한다는 점에서 더욱 그렇다. 사실 한국의 기업들은 지난 산업화 과정에서 국가의 전폭적인 지원과 비호 아래 성장했으며, 창업주의 가족에게 경영권이 세습되는 구도를 이루어 왔다. 이런 형태를

'재벌'이라 하는데, 옥스퍼드 영어사전에는 '재벌'Chaebol이
라는 단어를 "한국 대기업의 형태. 특히 가족 소유의 것"이
라고 정의하고 있다. 물론 유럽이나 일본에서도 한때는 소
수의 재벌 가문이 주요 산업을 좌지우지한 적이 있었다.
그러나 산업화 시대가 후퇴하면서 기업 규모가 일정 정도
이상으로 커지자 자연스럽게 다음 단계로 진화하였다. 무
능한 후계자로 인해 성장 동력이 급속히 떨어지고 가문마
저 몰락한 경우가 빈번했기 때문이다.

자본 시장이 세계 시장으로 확대되면서 기업의 생존 경
쟁은 이루 말할 수 없이 치열해졌다. 초기에 기업의 창업
주가 국가의 든든한 후원 아래 국내의 독점 사업에 집중하
여 기업을 일궈 냈다면 후계자인 2세대는 국가의 지원보
다는 자체의 성장 동력을 바탕으로 해외 기업들과 경쟁하
는 체제로 돌입한 것이다. 여기서 걸림돌이 되는 것이 바
로 기업의 세습 경영이다. 기업을 일으킨 1세대 창업주보
다 능력이 부족한 후계자가 경영권을 이어받으면 그 기업
의 미래는 어두울 수밖에 없다. 통계적으로 볼 때 경영권
이 1세대에서 2세대, 3세대로 세습될수록 그 운영 능력은
떨어지는 현상을 보이고 있다. 더욱이 인터넷, 게임, 우주
개발 등 첨단 산업 분야일수록 재벌 2~3세대가 두각을 드
러내는 경우는 드물다.

이뿐 아니라 가문의 지분을 유지하거나 확대하기 위해
문어발 식으로 여러 계열사를 거느리는 경영도 이전과 달

리 위험부담이 적지 않다. 가문의 경영권과 지분 유지를 위해 경쟁력이 낮은 계열사를 정리하지 못하면 그룹 전체의 몰락을 가져오기 때문이다. 이러한 상황에 부딪히자 1914년 미국에서는 연방거래위원회법 등을 추가 제정하여 재벌의 문어발 식 발전과 독과점을 막는 데 공을 들였다. 그에 따라 일정한 규모가 된 기업의 경우 경영권을 전문 경영인에게 넘기고 소유주는 독립적인 재단을 꾸려 개인 재산을 관리하기 시작했다. 폴 게티가 그러했고, 요즘 최대의 부자로 손꼽히는 빌 게이츠, 워런 버핏도 마찬가지로 개인 자산의 상당 부분을 출연하여 공익 재단을 만들었다. 최근에는 IT업계에서 획기적인 프로그램 개발로 부호의 반열에 오른 젊은 경영인들도 일찌감치 재단을 만들었다. 그 분야는 문화이기도 하고 교육이나 자선이기도 하다. 여하튼 재단 사업을 통해 공익 사업에 나선 기업인이 늘어났고, 해당 기업은 그만큼 우호적인 평가를 받기도 한다. 결과적으로 이러한 재단 활동은 부의 편중으로 인한 일반인의 반기업 정서를 개선케 했다.

유능한 경영자를 선출하여 운영을 맡기는 방식은 기업 발전에도 이익이다. 적어도 서구에서는 혈연이라는 이유로 능력과 관계없이 사주의 가족이 경영권을 승계받는 관행은 사라졌다. 경영에 특별한 재능이 없을 경우 그들은 자신에게 맞는 일을 찾거나 주주로서 배당금을 받는 것으로 그친다. 한편 그들도 무리한 회사 경영에 대한 무거운 책무에서 벗어나 자신이 원하는 삶을 선택할 수 있다. 이로써 기업은 사업에 충실하고 재단은 사회 활동을 통해 능력껏 발전할 수 있게 되었다. 미래에는 어떤 모양의 발전된 시스템이 나올지 알 수 없지만 현재로서는 이것이 가장 이상적인 역할 분담인 듯하다.

수많은 실패를 겪은 후 이러한 제도를 구축한 서구와 달리 한국의 기업주들은 아직 이 수준에 이르지 못했다. 일정한 규모를 지닌 회사 중에서 경영권 세습을 포기하여 전문 경영인에게 회사를 맡기고 창업자의 재산 대부분을 복지 재단으로 옮겨 운영하는 경우는 아마도 유한양행 정도가 유일할 것이다. 한국의 산업화가 선진국에 비해 많이 늦은 만큼 과거 선진국의 전철, 즉 후손에 의한 경영 실패를 답습하는 과정이 전개될 수도 있겠지만 그 과정을 통해 사회의식과 법에도 조금씩 변화가 생길 것이다.

문화재단의 역할로 한정하여 살펴보면, 미국이나 서구 정도의 수준은 아니어도 기존의 국내 사립 박물관에 비해 공공 철학을 더한 사립 박물관이 아예 없는 것은 아니다. 말하자면 박물관을 세운 후 소장품과 더불어 자립 운영을 위한 자산을 재단에 기증한 인물을 한국에서도 찾아볼 수 있다.

## 도전하는 호림 박물관

2010년 여름, 신사동에 위치한 어느 박물관에서 '분청사기 제기祭器 특별전'이 열렸다. 이 전시 제목에 '특별전'이라는 단어가 붙은 데는 이유가 있다. 바로 분청사기로 만든 제기 자체가 특이한 주제였기 때문이다.

어느 시대나 왕실의 제사는 중요한 국가 행사로 여겨졌지만 유교 사상의 예禮를 중시하는 조선 시대에는 제사 의례에 특히 더 엄격한 기준을 세웠다. 의례용 그릇인 제기의 제작과 관리 또한 이전 시대에 비해 매우 세밀했고, 그래서인지 현재까지 전하는 조선 시대의 제기는 대부분 유기로 만든 것이며 고급 도자기인 백자 제기는 일부만 남아 있는 정도다.

한데 이 박물관 전시에서 선보인 왕실용 제기는 금속도 아니고 백자도 아닌 분청사기였다. 이는 통념에서 벗어난 것으로, 제기라는 엄숙한 형식에 어울리지 않는 서민적 이미지 때문에 이질적인 호기심을 더했다. 물론 조선 시대에 분청사기로 제작된 제기가 전혀 없었던 것은 아니다. 깨졌거나 뚜껑이 사라진 형태로 다수 발견되었으나 제 가치를 인정받지 못했기에 박물관에 전시되지 못하거나 여러 전시품에 가려진 채 한구석에서 조용히 자리 잡고 있었을 뿐이다. 그런데 한 박물관에서 제기를 포함한 120여 점의 분청사기를 한꺼번에 전시하였으니 일반인은 물론이고 도자기 전공자에게도 신선하게 다가올 수밖에 없었다.

먼저 이 전시회의 특별함을 제대로 알기 위해서는 분청사기가 언제 어떤 식으로 사용되었는지부터 이해해야 할 것이다. 예로부터 제기와 같은 의례용 그릇은 금속으로 만드는 규범이 있었는데, 14세기 말 조선 건국 당시 청동과 같은 금속은 거의 무기를 제조하는 데 쓰이면서 청동 그릇 생산이 중단되었다. 이에 왕실에서는 일반적인 분청사기 그릇을 선별하여 쓸 수밖에 없었다. 지금의 눈으로는 소박해 보이지만 나름의 엄격한 기준에 따른 양질의 분청사기가 전국 각지에서 진상되었다. 이에 따라 제사에서도 분청사기로 만든 제기 일습이 이용되었는데 그 형태만큼은 청동 그릇을 그대로 본뜨도록 했다. 곡식을 올리는 타원형 그릇인 궤簋와 역시 곡식을 올리는 사각형 그릇인 보簠를 비롯하여 술과 물을 담았던 준尊, 제관이 손을 씻을 때 쓰던 세洗, 향을 피우는 향로, 술잔인 작爵 등도 청동의 형태 그대로 제작되었다.

이렇게 탄생된 분청사기 제기는 생활 용기로서의 담백한 미에 제구祭具의 경건함이 결합되어 독특한 분위기를 자아낸다. 그러나 제아무리 특이하고 오묘한 아름다움을 지닌 작품일지라도 널리 선보이지 않으면 그 가치를 인정받지 못하는 법이다. 세월이 흐르면서 분청사기 제기는 새로운 도자기들에 밀려 주목받지 못하는 신세가 되었다.

분청사기 제기 특별전이 뜻깊은 이유는 우리 옛것의 아름다움을 재발견하는 기회를 제공했기 때문이다. 물론 그러한 재발견이 가능했던 것은 다양한 아름다움을 감상할 수 있는 저변이 확대되었기 때문이며, 문화재에 대한 사회의 관심이 깊어진 덕분이다. 어쨌든 이 분청사기 제기는 여러 전시회에 초대되어 사람들에게 새로운 정보와 미감 美感을 선보였다. 이러한 재조명이 이루어지자 골동 시장에 분청사기 제기 열풍이 불기도 했다.

이 숨은 보물을 세상에 알린 전시가 어떻게 기획되었는지 궁금하지 않은가? 분청사기 제기의 가치를 알아보고 전시를 마련한 곳은 한국의 3대 사립 박물관 중 하나로 꼽히는 호림 박물관이다. 누구에게나 잘 알려진 작품이 아닌 만큼 제 가치가 전달되도록 전시 준비에 공을 들였겠지만 그보다도 새로운 발굴에 대한 도전 의식과 열정이 없었다면 전시는 불가능했을 것이다.

호림 박물관은 매년 이런 까다로운 기획 전시를 준비해 온 저력 있는 박물관으로, 그 개별 전시의 특성을 통해 호림 박물관의 철학과 신념을 엿볼 수 있다. 이처럼 간송 미술관, 호암 미술관과 어깨를 나란히 하는 호림 박물관이지만 그 평가에 비해 일반인에게는 덜 알려져 있다. 여기에는 사연이 있다.

## 사립 박물관의 철학

간송 미술관을 말할 때 우리는 일제 강점기에 일본인들을 상대로 배짱 두둑한 수집 활동을 벌인 전형필에 대해 논하지 않을 수 없다. 호암 미술관을 말할 때는 한국에서 가장 큰 재벌 기업을 일군 삼성의 창업주 이병철을 논하지 않을 수 없다. 이 두 인물은 따로 설명할 필요가 없을 만큼 유명하고 그들이 세운 박물관 또한 사람들이 자주 찾는 곳이다.

그런 반면 학계나 언론계에서 높은 평가를 받는 호림 박물관은 대중의 인지도가 높지 않으며, 설립자인 윤장섭이라는 인물 역시 친숙하지 않다. 개성 출신의 기업가인 윤장섭은 유화증권, 성보화학 등을 설립한 인물로서 평생을 바쳐 수집한 귀한 소장품들을 사회에 환원함으로써 문화계 발전에 적지 않은 기여를 했다. 더욱이 호림 박물관은 간송 미술관과 호암 미술관에서 지니지 못한 특별함을 지니고 있다. 그 특별함을 소개하기 전에 사립 박물관의 조건에 대해 알아볼 필요가 있다. 과연 훌륭한 박물관은 무엇이 다른가.

첫째, 소장품의 내용이 알차야 한다. 호림 미술관은 특화된 도자기를 포함하여 1만 5,000여 점의 유물을 보유하고 있으며, 그중에는 국보 8점과 보물 54점 등의 일류 문화재가 포함되어 있다. 이 정도면 웬만한 국립 박물관 수준이며, 간송 미술관과 호암 미술관의 규모에도 결코 뒤지지 않는다. 오히려 시기적으로 후발 주자인 상황이어서 소장품이 국보와 보물로 지정되는 과정이 더욱 까다로웠을 것을 감안한다면 고미술에서는 두 사립 박물관보다 우위를 차지한다고 말할 수도 있다. 게다가 호림 박물관은 지금도 가치 있는 유물을 수집하는 데 지속적인 열정을 쏟고 있어 모범적인 박물관의 전형을 보여 준다.

많은 사람들이 박물관에 대해 갖는 선입견 중의 하나는 전시 작품들이 모두 박물관 설립자의 소장품이라고 생각하는 것이다. 박물관은 단순히 한 개인의 수집품만을 보여주는 수동적인 공간이 아니다. 오히려 전시 공간이 마련되는 순간부터 박물관의 본격적인 활동이 전개된다고 할 수 있다. 즉 숨어 있는 고미술품을 꾸준히 발굴 수집함으로써 늘 새로운 전시를 기획해야 제 기능을 하는 것이다. 실제로 기존의 소장품이 아무리 많다 해도 새로운 소장품을 계속 늘리지 않으면 그 박물관의 명성은 퇴색되고 만다.

둘째, 훌륭한 전시 공간을 갖춰야 한다. 규모가 왜소하거나 시설이 불완전하면 전시 운영 자체에 문제가 발생하기 때문이다. 그런 측면에서 초반기에 호림 박물관은 수난의 과정을 거쳤다. 호림 박물관을 설립한 윤장섭은 기업의 기반을 닦은 1970년대부터 본격적으로 유물을 수집했는데, 가볍게 취미로 시작한 것이 10여 년 후에는 무려 800여 점이나 소장하게 되었다. 허술하게 보관하면 문화재로서의 가치가 손상될 것을 우려하여 박물관을 짓기로 결심했으나 막상 정식으로 공간을 마련하자니 해결해야 할 문제가 적지 않았다. 우선 박물관을 세운다는 것은 소장품이 개인의 것이 아닌 공공의 것이 된다는 사실을 의미한다. 또한 박물관 부지로 마련해 둔 관악구 신림동 근린공원에 건축 허가가 나지 않는 것도 큰 문제였다. 그로 인해 1982년 대치동 상가 건물 3층을 임대하여 임시 박물관을 마련했는데, 잠시가 아니라 17년이라는 긴 시간을 체류하게 되고 말았다. 당시 그 건물은 사설 학원, 농축수산물 판매점 등이 밀집해 있어 박물관으로 이용되기에는 최악의 상태였다. 전시물이 아무리 훌륭해도 그런 입지에서는 대중의 관심을 끌기 힘들고 고미술품을 제대로 관리하거나 전시하기도 어려웠다.

이후 1996년 관악구 신림동 부지에 박물관 건축 허가가 떨어졌다. 드디어 오랜 셋방살이를 끝내고 숙원 사업을 이루게 된 윤장섭은 기다렸다는 듯이 공사를 진행했고, 1999년 비로소 박물관이 완공되었다. 그러나 소장품을 전시하는 데 신림동 박물관 하나만으로는 역부족이었다. 결국 2009년 서울 강남구 신사동에 분관을 따로 설립함으로써 호림 박물관은 비로소 제대로 된 전시 환경을 조성하게 되었다. 이 지역은 문화적으로 유행의 첨단을 자랑하는 신사동 가로수길과 압구정 로데오 거리 주변으로, 유동 인구가 많은 데다 온갖 새로운 문화가 탄생하는 곳으로서 고미술 박물관과는 묘한 예술적 조화를 연출한다. 이로써 호림 박물관은 신림동 본관과 신사동 분관으로 이원화되어, 3대 박물관이라는 이름에 명실상부한 관람 공간을 갖추게 된 셈이다. 통상 신림관에서는 상설 전시를, 신사관에서는 기획 특별 전시를 열고 있다.

셋째, 설립자의 철학이 필요하다. 이 부분에서 설립자의 남다른 철학을 반영한 호림 박물관은 특별한 주목을 받고 있다. 우선 윤장섭은 박물관을 세우겠다는 결심과 함께 자신의 모든 유물을 기증하겠다는 파격적인 결정을 내렸다. 그리고 1981년 재단이 설립되자 소장품 전부를 문화재단에 넘겼다. 이에 따라 현재 수집되고 있는 모든 소장품은 개인의 것이 아닌 호림 박물관 재단에 귀속되어 전시되고 있다. 일반인은 이런 결정이 얼마나 대단한지 잘 모르겠지만 고미술계에서는 매우 존경받을 만한 일이다. 실제로 국내의 사립 박물관에서 전시되고 있는 많은 소장품의 실제 소유주는 재단이 아니라 박물관 건립자 또는 그의 가족인 경우가 많다. 거액을 투자하여 수집한 소장품인 만큼 '나의 것' 또는 '내 가문의 것'이라는 인식이 작용하고 있는 것이다. 그래서인지 이러한 소유권 문제로 공공재인 박물관 설립이 사적인 비리에 연루되는 경우가 적지 않다. 박물관을 만들어 놓고 은밀히 재산 부풀리기에 활용한 사례가 빈번하여 사립 박물관에 대한 비판적인 인식이 형성되기도

진 폴 게티
1892~1976

미국에서 게티 센터가
박물관 운영의 모범이 된다면,

게티 센터

1997

한국에서는 호림 박물관이
운영 면에서 선진적인 모습을
보이고자 노력 중이다.

호림 박물관

1982

윤장섭
1922~2016

했다.

그런가 하면 박물관 설립자가 소장품을 유산으로 남긴 경우 예술 후원에 대한 가족의 무관심으로 인해 박물관이 폐쇄되는 경우도 흔했다. 이로 인해 선진국에서도 설립자가 타계한 이후 교착 상태에 빠진 박물관을 국가나 지방 자치단체에서 인수한 경우가 적지 않다. 최악의 경우에는 소장품들이 경매를 통해 뿔뿔이 흩어지기도 한다. 이 때문에 해외에서는 재단을 통해 설립자 사망 이후에도 박물관이 독자적으로 운영되도록 배려하는 구조가 형성되어 있다. 숱한 사립 박물관의 탄생과 소멸 과정을 목도한 까닭에 문화재단 설립과 소장품의 재단 귀속의 중요성을 깨닫게 된 것이다.

호림 박물관 또한 설립자의 선진적인 철학 덕분에 그 어떤 박물관보다 먼저 이러한 시스템을 안착시킬 수 있었다. 설립자 윤장섭은 해외의 사례처럼 박물관이 독자적으로 운영될 수 있도록 부동산, 유가증권 및 기타 개인 재산까지 꾸준히 재단에 넘겨 왔다. 그의 이러한 행보는 비단 박물관에 한정되지 않는다. 자신이 세운 학교법인에도 개인 주식을 기부하는 등 재단의 든든한 버팀목으로 활동하고 있다. 어쩌면 이러한 설립자의 철학이 호림 박물관의 강력한 저력이 아닐까 싶다.

그래서인지 공공재로서 호림 박물관의 활용도는 국내 어떤 사립 박물관보다 높다. 다른 사립 박물관들은 도판

이용이나 연구 자료 인용에도 인색하고 박물관 내 사진 촬영도 엄격히 금지하고 있는 반면 호림 박물관은 모든 자료를 공개하여 누구든 활용할 수 있도록 열어 두고 있다. 자연히 전문 연구자들은 각별히 선호하는 박물관으로 호림을 손꼽기를 주저하지 않는다. 훌륭한 박물관이란 제 나름의 철학을 바탕으로 만들어지게 마련인데, 늘 다양한 전시를 모색하고 수집 활동에 적극적이며 연구 분야를 지원하는 호림 박물관의 철학이야말로 사립 박물관의 공공의 비전을 제시하고 있다.

지금까지 살펴보았듯이 호림 박물관은 의미 있는 도전과 실천을 통해 높은 평가를 받고 있다. 그러한 모범성은 박물관의 인적 독립성과 자산 구조의 탄탄함 그리고 설립자의 취지를 훼손하지 않는 운영에 달려 있다. 물론 호림 미술관은 기초가 단단한 만큼 앞으로 전개해 나갈 활동이 더욱 기대되는 곳이다. 1세대 창업자의 철학을 바탕으로 공공재의 기능과 역할을 넓혀 나간다면 한국 박물관의 자존심을 지킬 수 있을 것이다.

지금까지 사립 박물관의 역사와 구조를 살펴보는 과정에서 하나의 질문이 떠오른다. 과연 박물관의 진정한 주인은 누구인가 하는 것이다. 사립 박물관을 짓거나 소장품을 내놓은 소유주를 말하는 게 아니다. 박물관이라는 공간의 특수성, 즉 작품을 감상하기 위해 수많은 사람들이 찾는다는 점을 고려하면 박물관은 공공재의 성격이 강하다. 박물관을 향유하는 모든 사람이 주인이 아닐까. 한 사람의 의지로 시작되었다 해도 작품이 전시되는 순간부터 소장품은 관람자 모두의 것이 된다. 그것이 박물관의 운명인 듯하다.

## 경매 신기록을 세우다

1996년 10월 31일, 뉴욕 크리스티 경매장은 뜨거운 열기로 가득했다. 고려청자 철채퇴화삼엽문매병鐵彩堆花蔘葉文梅瓶이 등장했기 때문이다. 이미 그와 흡사한 유물이 보물 340호로 지정되어 있는 만큼 이 도자기는 문화재로서의 가치를 지니고 있기도 했지만 당시 눈 밝은 외국인들에게는 이채로운 작품성으로 큰 주목을 받았다. 경매 도록의 표지에 사진이 소개될 만큼 화제를 모았던 이 고려청자의 문양은 여느 고려청자와는 달리 검은 바탕에 하얀색 나뭇잎이 채색된 담백한 예술성으로 마치 현대의 추상 작품을 연상시키는 아름다움을 지니고 있었다. 크리스티 경매장에서는 이 도자기가 110여 점의 한국 작품이 경매되는 자리에서 단연 주역을 맡을 것으로 예상했고, 그 예상은 빗나가지 않았다. 최고 예상가 90만 달러의 3배나 되는 270만 달러에 낙찰되면서 존재 가치를 증명한 것이다. 한국 돈으로 22억 4,000만 원에 해당하는 거액이었다.

경매의 주인공으로 지목된 작품이 기대 이상의 액수로 낙찰되자 일부 참가자는 하나둘 자리를 뜨기 시작했다. 그러나 무대 위의 진짜 주인공은 따로 있었다. 철채퇴화삼엽문매병이 낙찰된 후 등장한 백자철화용문항아리白磁鐵畵龍文壺 한 점이었다. 아무도 눈여겨보지 않았던 이 도자기는 높이 48센티미터의 당당한 몸체에 산화철 안료의 용 무늬가 그려진 17세기의 백자로, 이러한 독특한 백자의 탄생은 시대상과 관련되어 있었다. 조선 중기, 중국과 관계가 소원해지면서 수입에 의존해 오던 청화 안료를 구할 수 없게 되자 백자의 안료를 철 성분으로 대신하게 된 것이다. 그러나 왕을 상징하는 용 무늬의 항아리는 국가 의식에 사용되는 제기祭器이자 왕실의 물품이었으므로 철사 안료를 사용했더라도 그 위용은 떨어지지 않는다. 더욱이 철화백자는 청화백자보다 훨씬 적게 제작된 편이어서 오늘날 희소성이 높다.

크리스티 경매장에 나온 백자철화용문항아리의 경우 보존이 완벽하지 못해 금이 간 것을 수리한 전력을 지니고 있었다. 따라서 경매 예상가도 40만~60만 달러 정도에 불과했다. 그런데 유물에 대한 간단한 소개가 끝나고 경매가 시작되자 다섯 명 정도의 고객이 적극적으로 경매에 참여하면서 빠르게 가격이 올랐다. 25만 달러에서 시작된 경매가는 끝없이 상승하더니 어느덧 500만 달러까지 올라갔다. 아무도 예상치 못한 일이었다.

500만 달러가 넘어가자 노련한 경매사 크리스토퍼 하토퍼는 숫자를 외치던 목소리를 낮추어 객장의 긴장을 고조시켰다. 그리고 입찰가가 600만 달러에 이르자 갑자기 장내는 술렁이기 시작했다. 경매사상 동양 작품 최고가를 갱신하는 판국에 도달했기 때문이다. 당시까지만 해도 가장 높은 경매가를 기록한 동양의 작품은 1989년 런던 소더비에서 610만 달러에 낙찰된 중국의 당삼채 唐三彩로, 숨을 죽이며 지켜보던 사람들은 이 돌발 상황에 아연실색했다. 이제 백자철화용문항아리의 경쟁은 두 사람으로 좁혀졌고, 경매사의 입술에서 또다시 입찰 경쟁이 시작되었다. 어느덧 입찰가는 700만을 가볍게 넘어서더니 무려 765만 달러에서 낙찰을 알리는 경매봉 소리가 울려 퍼졌다. 100여 명 관객의 함성과 박수 소리로 막을 내린 이날의 경매로 최고가 동양 작품이라는 신기록이 세워졌다.

당시 한국 돈으로 63억 4,000만 원의 슈퍼스타가 된 이 백자철화용문항아리의 낙찰자는 대리인을 내세웠기 때문에 누구인지는 알 수 없다. 따라서 작품이 어디에 있는지도 알려지지 않은 상태다. 이렇듯 놀라운 경매가를 기록한 도자기의 소재를 알 수 없다는 건 안타까운 일이다. 그래서인지 이와 관련한 여러 소문이 떠돌기 시작했다. 일본인이 소장하던 것이 경매로 나왔으며 경쟁자들은 한국의 재벌이었다는 것이다. 그러나 이는 확인되지 않은 사실이며, 소유주가 한국의 재벌이 아니라 다른 일본인이라는 설도 있는데 이 또한 소문에 불과하다. 도자기가 세상에 모습을 드러내기 전까지는 풀리지 않을 비밀이다.


## 한국 고미술 시장의 전성기

1996년의 크리스티 경매 결과는 여러 가지 생각을 하게 만든다. 그중에서도 우선 떠오르는 질문이 있다. 한국의 고미술품은 왜 갑자기 세계의 주목을 끌게 되었을까? 두 점의 도자기가 놀라운 경매가를 기록한 사실의 이면에는 어떤 요인이 숨어 있는 것일까? 꼼꼼히 짚어 볼 필요가 있다.

원래 문화 예술은 시대를 초월하여 재평가될 수 있다. 이것은 문화 예술이 물질과는 다른 가치를 지니고 있기에 가능한 현상이다. 즉 문화 예술은 의식주와 관련된 물질과는 달리 정신의 영역에 관여하기 때문에 절대적 가치를 상정할 수 없으며, 시대나 환경에 따라 상대적으로 평가될 수 있다. 그런 관점에서 세계는 한국의 고미술품에 관심을 기울이기 시작했으며, 그 기점은 올림픽이 개최되었던 1988

년까지 거슬러 올라간다.

대한민국이라는 나라가 올림픽이라는 세계인의 축제를 개최한 사실은 한국인에게 대단한 사건이었다. 불과 수십 년 전까지만 해도 식민 지배를 받았으며 3년간의 처절한 전쟁 끝에 분단 상황에까지 처한 나라가 올림픽을 치르는 수준에 이르렀으니 그야말로 역사의 한 페이지를 장식하는 순간이었다. 더욱이 주변국의 우려를 불식시키고 올림픽 경기를 무사히 치러 냄으로써 한국은 변방의 작고 가난한 나라라는 이미지에서 벗어났다. 올림픽이라는 행사가 한국을 홍보하는 데 큰 역할을 한 셈이다. 한국의 미술계가 주목을 받기 시작한 것도 이 무렵이었다.

1990년대 들어 한국이 재평가받는 사건이 하나 더 있었다. 오랜 독재 정권에서 군사 정권으로 이어진 폭압의 시대를 종결짓고 1993년 '문민정부'의 시대가 열렸다는 사실이다. 민주화 운동에 앞장섰던 김영삼이 대통령에 당선되면서 비로소 한국은 정상적인 민주주의의 궤도에 진입하게 되었다. 이는 한국 사회의 다양화를 뜻하는 것이자 문화계의 자유로운 활발한 활동을 예고하는 신호탄이었다.

한편 그 무렵 아시아에서 유일한 선진국으로 군림하던 일본에 위기가 닥친다. 1985년 플라자 협의로 인해 엔화가 강세로 돌아서자 수출 경쟁력을 걱정한 일본의 은행들은 투자처를 제조업에서 부동산과 주식으로 대거 갈아탔고, 그 결과 시장에 차고 넘치던 자금은 자국의 주식과 땅

값을 크게 상승시키고 말았다. 불과 3년 뒤에는 시가 총액 세계 20대 기업에 일본 기업 16개사가 포함되는 기염을 토했다. 당시 치솟는 엔화 강세로 인해 일본이 미국 영토의 4배나 되는 땅을 살 수 있다는 과장된 소문까지 나돌았다. 일본 역사에 남을 최고의 전성기였다. 그러나 이 현실은 곧 거품 경제로 돌아왔다. 일본 경제가 실제 능력보다 폭발적으로 비대해지자 1990년대부터 일본의 주식과 부동산은 급격한 하락세를 나타냈고, 해외 투자자들은 일본을 대신하여 발전 가능성이 엿보이는 한국에 관심을 보였다. 마침 한국은 올림픽 이후 1990년부터 1997년까지 7~8퍼센트의 높은 경제 성장률을 보이며 약진하고 있었다. 이로써 한국은 자연스럽게 세계의 주목을 받기 시작했다.

한 나라의 문화 예술은 그 나라의 세계적 위상과 긴밀한 관련이 있다. 한국에 대한 관심이 높아지자 세계 각국에서도 한국의 문물을 전시하는 박물관이 늘어났다. 기존에는 일본이나 미국을 중심으로 한 몇몇 나라에서만 한국관을 두고 있었으나 유럽과 중앙아시아의 여러 나라에서도 한국관을 신설하거나 재개관하는 변화를 나타냈다. 1998년에는 미국을 대표하는 메트로폴리탄 박물관, 2000년에는 영국의 브리티시 박물관, 2001년에는 프랑스의 기메 박물관에서 한국관을 신설하거나 재개관했다. 주가 상승 중인 한국의 문화와 역사가 소개되면서 정치나 경제뿐 아니라 문화 방면까지도 관심의 폭이 확장되었다. 더욱이 한국의 국력이 강해지면서 해외 교포들의 입지가 호전된 것도 하나의 요소로 작용했다. 교포들의 발언권이 강화되는 만큼 그들이 필요로 하는 공간이 마련되는 것은 당연한 수순이었다.

이처럼 해외 유수 박물관에 한국 전시관이 개설되면서 한국의 이미지가 제고되었으며, 한국의 권세가들 사이에서는 해외로 유출된 주요 유물을 수집하는 현상이 나타나 미술 경매에서 한국 유물의 거래가도 상승하기 시작했다.

물론 이전에 한국의 예술 작품이 경매되지 않은 것은 아니었다. 1977년에는 세계적 경매 회사 소더비가 한국 문화재를 단독으로 경매에 올렸고, 곧이어 1978년에는 또 다른 경매 회사인 크리스티에서 고려청자와 조선백자를 비롯한 66점을 경매에 붙였다. 그러나 당시만 해도 상설 경매로 운영하기에는 한국의 위상이 아직 낮았고, 국내 소장가 중에서도 해외 시장을 전전하는 우리 문화재를 적극적으로 수집할 만한 사람이 별로 없었다. 그런데 88올림픽을 계기로 한국에 대한 관심이 형성되면서 문화계의 흐름도 바뀌었다. 1990년에는 8폭 병풍인 「정조화성능행도」正祖華城陵幸圖가 뉴욕 크리스티 경매에서 104만 5,000달러라는 고액에 낙찰되었는데, 이는 한국 작품 중에서 처음으로 100만 달러를 돌파한 사례였다. 곧이어 1991년에는 고려 시대의 불화 「수월관음도」水月觀音圖가 뉴욕 소더비에 출품되었는데, 160만 달러에 낙찰되면서 예상 경매가였던 20만 달러를 무색하게 만들고 수집가들을 깜짝 놀라게 했다. 당시 한국 돈으로 환산할 때 약 13억 원이었으니, 결코 만만치 않은 금액이었다. 게다가 이 고려 불화를 손에 넣은 장본인이 용인대학교 이사장인 이학으로 드러나자 이 경매건은 국내에서 특급 사건으로 조명되었다. 일제 강점기와 전쟁을 거치는 동안 우리의 숱한 문화유산이 유실되거나 소실되거나 해외로 반출된 마당에 이 소식은 매우 감동적인 뉴스였던 것이다. 그래서인지 일부 부유층 인사가 나서서 한국의 문화재를 사들이는 데 이의를 제기하는 사람도 없었다. 해외에서 떠돌던 「수월관음도」는 국내로 환수된 후 보물로 지정됨으로써 또다시 세간의 화제를 모았다.

이처럼 1990년대 초반 세계적인 경제 위축으로 미술 시장도 불황을 겪던 무렵, 한국 미술품이 두각을 드러내자 크리스티와 소더비는 아예 한국의 고객과 직접 만나기 위해 서울 사무소를 차렸다. 크리스티에서는 1990년대 들어 서구에서도 최고가를 기록하는 고갱, 피카소, 모네, 세잔, 마티스 등의 작품을 신라 호텔에서 전시했다. 이는 1980년대에 양대 미술 경매 회사가 세계 미술 시장에서 큰손으로 떠오른 일본의 소장가들을 잡기 위해 도쿄 등지에서 서양 인상파의 그림을 전시한 패턴과 흡사하다. 과거 일본에서처럼 한국에서도 세계적인 명품 시장이 형성될 것으로 예측한 것이다. 이러한 패턴은 이후 2000년 중반 중국에서도 확인할 수 있다.

1990년대의 혁신적인 분위기는 한국 문화에도 새로운 변화를 촉구했다. 그동안 아픈 역사의 일환이었던 유물을 이제는 '예술 작품'으로 바라보는 시선이 요구되었다. 이는 분명 1980년대부터 눈부신 발전을 거듭해 온 경제적·정치적 성과와 깊은 관련을 지닌 것으로, 산업화와 민주주의를 이룬 자부심이 세계 미술 시장에서 선진국들과 어깨를 견줄 수 있도록 한 것이다.

한편 한국 유물의 귀환에 관한 한 일본은 장벽이 아닐 수 없었다. 일본 경제는 1990년대에 서서히 침잠하고 있었지만 미술 경매 시장에서의 존재감은 만만치 않았다. 예컨대 상당히 많은 한국 문화재들이 개인 소장가를 통해 경매 시장에 등장한 경우 완성도가 높고 가격이 비싼 작품의 낙찰자는 대개가 일본인이었다. 그러던 차에 1996년 크리스티 경매 시장에서 한국 유물의 몸값이 정점을 찍는 일이 발생한 것이다. 63억 4,000만 원에 낙찰된 백자철화용문 항아리는 아시아 고미술 최고가라는 신기록을 세웠으며 20년이 넘은 지금까지도 이 기록을 추월한 한국 고미술은 등장하지 않았다. 아이러니한 것은 바로 1년 뒤에 한국이 구제금융 국가로 전락했다는 사실이다. 해외 자본이 썰물처럼 빠져나간 한국은 경제 파탄을 맞았고, 최고의 전성기를 누리던 고미술 시장도 한산해지고 말았다. 그러고 보면 일제 강점기 이후로 한국 미술 시장의 중심축이었던 고미술은 1990년대가 전성기였던 셈이다.

## 이종문 센터를 아시나요

태평양의 관문으로 통하는 미국 샌프란시스코에는 도시 분위기에 잘 어울리는 샌프란시스코 아시아 미술관이 있다. 서구에 소재한 아시아 전문 전시관으로는 프랑스 기메 박물관과 더불어 최대 규모로 손꼽히는 이곳은 다양한 아시아 문물을 갖추고 있다. 특히 이 미술관은 우리에게 각별한 의미를 지닌 곳으로, 1989년 미국 박물관 최초로 한국 미술부가 자체적으로 구성되어 한국 미술 담당 큐레이터가 활동하기 시작했다. 사실 이전까지만 해도 한국 미술은 중국과 일본 미술의 그늘에 가려져 늘 조연의 자리에 머물렀다.

샌프란시스코 아시아 미술관이 어떻게 한국과 각별한 관계를 형성했는지에 대해서는 배경 설명이 필요하다. 원래 이 미술관의 모태는 기업인이었던 에버리 브런디지가 7,700여 점에 달하는 자신의 소장품과 재산을 투자하여 세운 '아시아 미술센터'였다. 초기에는 에버리 브런디지의 소장품으로 구성되었으나 시간이 지나면서 소장 규모가 확대되었고 1973년 '샌프란시스코 아시아 미술관'이라는 명칭으로 새롭게 탄생했다.

이 미술관 건물의 지붕 아래에는 흥미로운 문구가 한 줄 새겨져 있다. 박물관의 명칭인 "Asian Art Museum" 바로 밑에 "Chong-moon Lee Center for Asian Art and Culture"라는 또 다른 별칭이 붙어 있는데, 번역하면 "아시아 예술과 문화를 위한 이종문 센터"인 셈이다. 박물관 건물 정면에 새겨 넣은 '이종문'이란 인물이 미술관에 큰 공헌을 했음을 짐작케 한다. 우리에게는 다소 낯선 이 인물은 샌프란시스코 아시아 미술관과 어떤 인연을 갖고 있을까.

1990년대 초반 샌프란시스코 아시아 미술관 재단과 시는 시립 도서관 건물을 개조하여 새로운 전시실을 구성하기 위해 여러 가지 계획을 세웠지만 걸프전이 터지면서 정부의 재정 긴축으로 샌프란시스코시의 지원 예산이 지연되었고, 기업의 기부마저 줄어든 탓에 박물관 이전 계획은 교착 상태에 빠졌다. 더욱이 이 박물관이 미국의 주류 문화와 연결된 서양 작품 전시관이 아니라 특화된 아시아 전시관이라는 점도 기부에 영향을 주었다. 기부 문화가 발달한 미국 사회였지만 아시아 박물관은 시민의 관심권 밖이었으므로 모금 활동도 신통치 않았다. 그런 판국에 이종문이라는 한국인 재미교포 사업가가 미술관에 거액을 쾌척한 것이다. 그는 1995년 회사를 매각한 자금 중에서 1,500만 달러를 기증했고, 이는 박물관과 샌프란시스코를 경탄케 했다. 우선 거액을 단번에 기증했다는 점도 놀라운 일이지만 그 장본인이 미국인이 아니라 한국에서 온 사업가라는 사실이 그들을 더욱 놀라게 한 것이다. 당시 이런 종류의 기부는 소수 백인 부자의 영역이라는 인식이 지배

적이었으며, 미국에서 활동하는 아시아계 사업가들은 혈연 중심으로 재산을 축적할 뿐 문화 사업을 하거나 기부를 하는 경우는 거의 없었다.

47세의 나이에 미국으로 건너간 이종문은 클린턴 정부 들어 IT 회사들이 눈부시게 성장할 무렵 54세에 실리콘 밸리에서 벤처 사업에 도전했다. 여러 번의 실패를 거듭한 끝에 그래픽카드를 개발한 그는 고부가가치의 수익을 거두며 크게 성공했다. 게다가 그는 이미 과거에도 한국 전시실의 발전을 위해 100만 달러를 재단에 기증한 적이 있었다. 이에 샌프란시스코 시장은 샌프란시스코 아시아 박물관에 1,500만 달러를 선뜻 기증한 보답으로 '이종문의 날'을 만들기로 했다.

진정 아름다운 일은 그 후부터 벌어졌다. 그의 멋진 기부가 세상에 알려지자 시민들의 소액 기부가 폭발적으로 늘어난 것이다. 작은 금액부터 큰 금액까지 후원이 이어지자 충분한 재정을 마련한 재단은 계획대로 프랑스 오르세 미술관을 디자인한 유명 건축가에게 박물관의 리모델링을 의뢰할 수 있게 되었다. 그리고 드디어 2003년 3월, 새로운 아시아 미술관이 문을 열었다. 운영위원회는 개관 선언과 함께 미술관 이전에 이종문의 기부가 큰 기여를 했다는 사실을 소개하면서 미술관 이름을 '이종문 센터'로 정하고 건물 외벽에 새기기로 했다. 미국에서 아시아계 이민자의 이름이 미술관 명칭으로 지어진 최초의 사례였다.

문화 후원은 미국에서도 성공한 부류나 상류층의 몫이었던 만큼 이종문의 기부는 여러 측면에서 의미 있는 일이었다. 그 덕분에 미국 주류 사회에서 한국과 한국 교포에 대한 이미지가 크게 개선되었다. 앞서 살펴보았듯이 1990년대 들어 해외 여러 박물관에서도 한국 전시실을 꾸리고 양질의 유물을 구비하려는 노력은 많았지만 샌프란시스코 아시아 박물관처럼 훈훈한 미담을 남긴 곳은 없었다.

　이와 관련하여 덧붙이자면 한국의 기부 문화는 아직 수준이 낮다. 특히 문화계에서 다양한 방식의 기부가 이루어지는 선진국에 비하면 한국은 미개척지에 가깝다. 예를 들어 영국 대영 박물관이나 미국 메트로폴리탄 미술관의 일본 전시실에는 해당 국가의 여러 기업 또는 정부 및 개인으로부터 기부받았다는 설명이 담긴 카드를 자주 볼 수 있다. 그러나 한국 전시실에는 기껏해야 삼성을 비롯한 몇몇 기업 또는 개인 기부자가 간혹 눈에 띌 뿐이다. 그간 한국의 문화 수준이 꽤 향상되었고 그만큼 세계에서도 인정받는 분야가 늘어나고는 있지만 그 토대를 이루는 분야에서는 아직 소홀한 부분이 없지 않다. 문화재는 또 다른 외교 사절이기도 한 만큼 더 많은 관심과 지원이 필요하지 않을까.

## 백자철화용문항아리

1996년 한국 고미술은 백자철화용문항아리로
64억 원이라는 최고가를 기록했고,

이종문
1928~

미국 서부에 위치한 샌프란시스코
아시아 미술관은 1995년 재미교포 이종문의
도움으로 2003년 확장 이전에 성공한다.

# 2003

ASIAN ART MUSEUM
CHONG-MOON LEE CENTER FOR ASIAN ART AND CULTURE

샌프란시스코 아시아 미술관

## 새로운 인연으로 이어지는 한국의 고미술

이종문이라는 기부자를 계기로 한국과 깊은 인연을 맺은 샌프란시스코 아시아 미술관은 이후 한국과 관련한 여러 문화 사업에 매우 적극적으로 임하고 있다. 그 대표적인 사례가 바로 2003년 10월경부터 이듬해 1월까지 펼쳐진 '고려 왕조, 깨달음의 시대'라는 제목의 전시일 것이다. 한국의 역사와 문화에 대한 지식이 거의 전무한 미국인들에게 이 전시는 고려 시대의 문화를 처음 소개하는 기회가 되었다. 사실상 조선을 제외한 한국사는 세계에 알려진 바가 거의 없었으며, 국가 차원에서도 우리의 문화와 역사를 세계에 알릴 적절한 계기를 만들지 못하던 터였기에 그 의미가 더욱 깊었다. 이 전시는 이미 세계에 널리 알려진 중세의 중국이나 일본 문화와 비교해 볼 수 있는 계기를 마련하기도 했다. 예컨대 중세 중국 문화의 절정을 보여 준 중국의 송나라, 일본의 고유한 문화를 발달시킨 헤이안 시대나 가마쿠라 시대와 비교해 볼 때 고려의 미술은 매우 독특한 한반도의 문화를 보여 준다. 특히 섬세하고 세련된 예술성을 과시하기에 부족함이 없었다.

이 밖에도 샌프란시스코 아시아 미술관은 꾸준히 국내의 박물관이나 문화재청과 연계하여 전시를 기획해 왔다. 관장이 직접 한국을 방문하여 인상 깊게 본 한국 박물관 전시를 그대로 샌프란시스코 아시아 미술관으로 옮겨 전시하기도 했다. 예를 들어 2009년 국립 중앙 박물관에서 기획된 '향연과 의례' 특별 전시는 한국국제교류재단의 도움으로 2013년 10월부터 2014년 1월까지 미국에서 확대 전시되기도 했다. 문화 교류는 바로 이런 게 아닐까.

이렇듯 이종문이라는 인물의 기부는 한국의 전통문화를 세계에 알리는 한 알의 밀알이었다. 샌프란시스코 아시아 미술관이 1990년대 이후 세계 이곳저곳에 한국 전시 공간이 등장하는 하나의 단초가 되었기 때문이다.

이렇게 마련된 한국 전시실들은 우리의 문화와 역사를 세계에 홍보하는 장이 될 뿐 아니라 교포들에게는 뿌리를 배울 수 있는 공간이기도 하므로 단순한 전시관 이상의 의미를 지닌다. 중국이나 일본의 정부가 자국의 문화유산을 세계에 알리는 데 전폭적인 지원을 아끼지 않는 이유도 바로 여기에 있다. 교포들에게는 자국의 유물이 소장되어 있는 공간이 머나먼 조국을 대신하는 제2의 고향이기도 할 테니 말이다.

## 또 다른 고민

이종문의 기부가 알려지자 세간에서는 다른 시각이 제

기되기도 했다. 외국의 박물관을 지원하여 한국관을 발전시키는 것도 훌륭하지만 그만 한 금액이라면 유물을 환수하는 데 쓰는 편이 낫지 않느냐는 주장이다. 더 나아가 해외 박물관에 대한 기부가 국내 유물에 대한 해외의 소유권 강화를 부추길 수 있다는 주장도 있었다.

이 문제에 정답은 없을 것이다. 다만 식민지와 근대화 시절 귀한 유물이 많이 유출되었던 만큼 문화재를 돌려받는 작업에 대해서는 부단한 노력이 요구되는 실정이다. 따라서 불법적으로 반출된 유물에 대해서는 면밀한 조사를 거쳐 절차에 따라 환수하는 노력을 게을리할 수 없는 노릇이다. 다른 나라들도 이러한 작업에 많은 공을 들이고 있다. 특히 서구에 많은 유물을 빼앗긴 이집트, 중국, 인도에서는 요즘 자국의 유물 환수에 적극적인 행보를 보이고 있다. 찬란한 고대 문명을 일군 그리스, 이탈리아 역시 엄청난 유물들이 불법으로 수탈된 역사를 지닌 만큼 서양 각지의 박물관에 흩어진 유물을 돌려받기 위해 노력하고 있다. 그러나 기증 또는 매매 등의 합법적인 경로로 반출된 유물을 돌려받기란 현실적으로 대단히 어려운 일이다. 그런 경우에는 차선책으로 해외에 존재하는 유물을 일괄적으로 조사한 뒤 현지에서 적극적으로 활용할 필요도 있다. 어떤 유물이 어느 나라에 있든 자국의 문화와 역사를 대표하는 것만은 움직일 수 없는 사실이기 때문이다.

그런 관점에서 볼 때 해외 전시관을 잘 꾸리는 일도 중요하다. 오히려 몇몇 선진국은 자국의 문물을 외국 현지인들에게 적극 홍보하는 전략을 세우기도 했다. 그에 관한 몇 가지 흥미로운 사례가 있다. 근래 아랍에미리트에서는 수도인 아부다비에 '루브르 아부다비' 박물관을 들이기 위해 프랑스와 계약을 맺었다. 30년간 프랑스 유명 박물관의 작품 300점을 대여하는 조건으로 프랑스에 13억 달러를 지불하며 '루브르'라는 명칭을 사용하기로 한 것이다. 프랑스에서도 1조 원이 넘는 비용을 들여 프랑스 문물을 대거 중동으로 이관하는 이 프로젝트를 흔쾌히 수락했다. 이처럼 유물을 '임대'하는 방식은 전무후무한 것으로 기발한 발상이 아닐 수 없다.

하지만 과연 유물 임대에 1조 원을 투자할 가치가 있을까? 도대체 그 흥정의 기준은 어떻게 정해진 것일까? 미술품 전시의 과정을 잘 따져 보면 왜 이러한 방식이 동원되었는지 이해할 수 있다.

일단 인기 있는 서구 인상파 화가들의 명화를 전시할 경우 보통 60여 점 정도가 동원되는데, 이때 작품에 대한 보험 액수만 해도 보통 1조 원 이상이다. 말하자면 1조 원이면 60점 정도의 서양 미술 작품을 구입할 수 있다는 뜻이다. 물론 이 금액은 어디까지나 보험금액에 따른 것으로, 작품의 실질적인 가치를 정확하게 계산한다면 그 이상의 액수가 될 것이다. 그렇다면 서양의 유물로 박물관을 만들겠다는 의지가 확고한 상황일 때, 프랑스 국립 박물관의 작품 300점을 30년간 1조 원에 빌릴 수 있다면 어떤 선택이 나을까? 임대보다 구입을 하는 편이 이익일까? 사실 이 박물관을 조성했을 때의 관광 소득과 그 조성지가 문화의 중심지로서 거듭날 것을 고려한다면 충분한 지불 가치가 있을 것이며, 아랍에미리트에서도 이러한 장단점을 면밀히 계산했을 것이다.

이 거래는 프랑스로서도 새로운 기회가 아닐 수 없다. 자국 문화를 대표하는 브랜드인 루브르를 중동 지역에 수출함으로써 프랑스 문화를 세계에 알릴 수 있기 때문이다. 이는 수준 높은 문화로 20세기 이후 약화된 자국의 영향력을 강화하려는 취지로 볼 수도 있다. 물론 문화에 대한 자부심이 남다른 국가인지라 국내 예술계의 격렬한 반대에 부딪히기도 했지만 법률이나 제도상으로는 문제가 없었다. 대상 작품도 소품이 아닌 유명 작가의 대표 작품 중심으로, 마네의 「피리를 부는 소년」, 고흐의 「자화상」, 모네의 「생라자르 역」, 루이 다비드의 「알프스를 넘는 나폴레옹」, 레오나르도 다빈치의 「밀라노 귀족 부인의 초상」 등 하나같이 명품의 반열에 속한 작품들이다. 이들 작품 중 일부는 한국, 일본, 미국 등 해외 순회 전시에 포함되었던 대표작으로, 앞으로 30년간은 아랍에미리트의 박물관에서만 볼 수 있게 되었다. 이 프로젝트로 받게 될 1조 원이 넘는 돈은 프랑스 내의 박물관을 유지하고 운영하는 데 투자될 것이라 한다.

이처럼 한쪽에서는 해외에 남겨진 유물을 환수하려는 노력이 벌어지고 있는가 하면 다른 한쪽에서는 자국의 유물을 해외로 보내는 문화 사업이 새롭게 대두되고 있다. 프랑스뿐 아니라 일본에서도 이와 유사한 사업이 추진되고 있다. 여러 나라의 박물관과 협약을 맺어 자국의 국보급 문물을 전시하거나 임대하는 프로젝트로, 이런 경우 해외에 있는 자국의 유물도 기본적으로 활용될 수 있다. 2014년 일본은 미국 클리블랜드 미술관과 협의하여 먼저 클리블랜드 미술관이 소장하고 있는 일본 미술품을 도쿄 국립 박물관으로 가져와 전시하고, 이후 도쿄 국립 박물관의 수준급 소장품들을 클리블랜드 미술관으로 옮겨 교류 전시한 바 있다.

궁금한 점은 일본의 유물들이 왜 클리블랜드 미술관에 소장되어 있는가 하는 것이다. 사실 이것은 일본 근대화 과정의 어두운 측면으로, 19세기 서양에 의해 강제로 개방되었을 때 일본도 자국 유물이 대거 유출된 내력이 있다. 특히 1854년 발 빠르게 일본의 개항을 선취한 미국은 일본 유물을 수집하는 데 더욱 열성적이었다. 지금도 미국의 주요 박물관과 미술관의 구성을 보면 그 결과를 확인할 수 있는데, 일부 박물관에 소장된 일본 유물은 양적으로나 질적으로 일본의 국내 박물관에 버금가는 규모를 갖추고 있다. 그 예로 클리블랜드 미술관은 우리에게도 『동양 미술사』A History of Far Eastern Art의 저자로 익숙한 학자 셔먼 리를 동양 미술 큐레이터로 삼았고, 나중에는 미술관장으로까지 승진시켜 일본 미술을 체계적으로 관리했다.

물론 일본에서도 20세기 초부터는 해외로 유출된 유물을 고국으로 환수하는 데 많은 노력을 기울여 왔다. 일본에 국립 서양 박물관을 만든 마쓰카다 고지로는 해외에 팔려 나간 일본의 전통 회화인 우키요에浮世繪를 꾸준히 수집하여 국가에 기증했으며, 그 밖의 많은 소장가들도 일본의 도자기나 불화, 공예품 등을 매입하여 고국으로 가져왔다.

이는 1970년대부터 한국이 해외 시장까지 진출하여 적극적으로 한국 유물을 구입하거나 중국이 2000년 이후로 자국의 유물을 구매하는 현상과 유사하다. 더욱이 일본은 해외 박물관과 꾸준한 교류를 통해 법적으로 해결될 수 없는 유물의 목록을 정리한 후, 해외 박물관이 소장한 자국의 유물을 국내로 초대하는 전시 기획을 자주 하고 있다. 이러한 교류가 깊어지면서 일본은 해외 각국과 수준 높은 교류전을 개최하는 데까지 도달했다. 사실 서양 미술관에 전시를 제안할 때 일본이 한국보다 뛰어난 기획력을 발휘하는 것도 해당 박물관과의 오랜 교류를 통한 신뢰 관계가 형성되었기 때문이다.

한국도 장차 이러한 신뢰를 쌓아 나가야 할 것이다. 한 걸음 더 나아간다면, 기존의 통념을 깨는 담대한 기획전도 가능하리라. 프랑스가 루브르 미술관의 일부를 해외로 옮긴 것처럼 우리도 한국을 대표하는 수집가의 소장품, 예컨대 간송 특별 전시를 샌프란시스코 아시아 미술관에서 개최하면 어떨까. 일제 강점기 당시 간송이 헌신적으로 보여준 '문화재 지킴이'로서의 행적은 세계 어디에서도 환영받을 만한 이야기다. 상상해 보라. 이야기가 있는 수준 높은 해외 문화재를 접한 이들이 품게 될 한국의 이미지를……. 그러한 전시를 가능케 한 수집가의 명성 또한 국제화되지 않을까? 이러한 프로젝트의 실천 여부는 열정과 의지에 달려 있다. 더욱이 좋은 명분을 갖는다면 재계의 적극적인 후원도 기대할 수 있을 것이다.

# { 왜 근대 미술인가 }

## 근대가 낳은 세 명의 예술가

이중섭, 김환기, 박수근.

오늘날 한국에서 가장 널리 알려진 근대 화가들이다. 그 명성을 증명이라도 하듯 작가의 이름을 내건 미술관이 세워져 있으며, 작가의 숨결을 느끼고자 하는 관람객의 발길이 끊이지 않는다. 실제로 국내 전시관 중에서 이 세 곳은 특히 더 높은 관객 동원력을 발휘하고 있다. 그런가 하면 다른 여러 미술관에도 이들의 작품이 전시되어 있는 것을 심심찮게 볼 수 있는데, 마치 미술관이라면 최소한 이들의 작품 한 점 이상은 소장하고 있어야 하는 것처럼 생각될 정도다.

이 세 작가는 2000년 이후에 급격히 유명세를 얻었다.

물론 그 이전에도 작품성은 인정받고 있었지만 최근 들어 경매 시장의 낙찰가가 이슈화되면서 새삼 언론의 주목을 받게 된 것이다. 실제로 이들의 작품이 경매 시장에 나올 때면 입찰 경쟁이 치열했고, 비싼 경우 고급 아파트 한 채 값 이상을 호가하면서 대중의 흥미를 자극한 것이다. 예컨 대 박수근은 2007년 경매에서 45억 2,000만 원에 낙찰 된 것이 최고가이며 이중섭은 2018년 47억 원에 낙찰된 것이 최고가이다. 반면 한때 두 작가보다 가격이 낮았던 김환기 작품은 근래 추상화 열풍이 불면서 크게 흥행하더 니 2019년 마의 100억 원을 넘어 132억 원에 낙찰, 한국 미술사 역대 최고 기록을 만들어 낸다.

일반 대중은 순수하게 작품의 예술성으로 작가를 기억 한다기보다는 작품의 시세로 그 이름을 기억하는 경향이 있다. 자본주의 사회에서 예술 작품이 금전적 가치로 언급 되는 현상을 비판적으로만 볼 필요는 없다. 사실 액수만큼 대중의 관심을 단번에 끌어들이는 이야깃거리도 드물고, 계기가 무엇이든 간에 이야깃거리가 생기면 작가와 작품 에 대한 관심으로 이어지기도 하니 말이다. 그보다 중요한 것은 이러한 관심을 어떻게 활용하느냐 하는 것이 아닐까. 예술은 그 자체로 순수한 분야지만 현실 사회에서는 문화 와 관광의 콘텐츠로 활용되는 주요 대상이고, 예상 밖의 부가가치를 가져다주기 때문이다.

이중섭, 박수근, 김환기는 오늘날 한국을 대표하는 근대

화가로 대접받고 있지만 활동 당시에는 가난과 싸우는 고독한 예술가였다. 잠시 넉넉했던 적도 있었으나 대개는 생활고에 시달렸으며 자신의 그림이 외면당하는 좌절을 겪었다. 예술가에게 가장 큰 고통은 무엇일까. 아마도 세상으로부터 작품성을 인정받지 못하는 것이 아닐까? 그러고 보면 위대한 작품일수록 당대에 평가받는 경우는 흔치 않은 듯하다. 물론 자신의 활동 시기에 작품성을 인정받는 운 좋은 작가들도 있겠지만, 과거 국내외의 수많은 화가들이 그러했듯이 세상이 작품의 진가를 알아보기까지는 시간이 걸린다. 더욱이 그러한 평가는 일부 뛰어난 안목을 지닌 이들의 주장이 아니라 많은 사람들의 공감대가 형성되었을 때 완성되는 법이다.

비운의 예술인이었던 이중섭은 죽고 나서야 작품성과 인물이 조명된 전형적인 경우다. 그는 마치 우리의 근대사를 투영이라도 하듯 고단한 삶을 살다가 젊은 나이에 죽음을 맞았고, 훗날 그의 작품에 담긴 따뜻한 세계관과 드라마틱한 생애로 명성을 얻었다. 그런 까닭에 고독한 삶을 살았으나 사후에 불멸의 이름을 얻은 고흐와 비교되곤 한다.

## 이중섭의 삶

'한국의 고흐'라 불리는 이중섭의 그림은 그의 삶과 떼어놓고 말할 수 없다. 그의 그림 자체가 삶이었기 때문이다.

이중섭의 성장기는 그리 불행하지 않았다. 그는 평양에서 가까운 평안남도 평원군의 유복한 집안에서 태어났고, 어려서부터 그림 소질을 발휘하여 도쿄제국미술학교로 유학까지 갈 수 있었다. 지금으로 치면 선진국인 미국이나 영국의 명문 미대에 들어간 셈이다. 그러나 자유로운 사고의 소유자였던 그는 모범생이 아니었다. 출석률이 저조한 데다 성적까지 좋지 않아 정학을 당한 뒤 다른 미술학교로 옮기기도 했다. 그는 뛰어난 미적 재능만큼이나 자부심도 강한 청년으로, 조선 출신 유학생이라는 신분에 결코 주눅 들지 않았으며, 오히려 일본인들이 모인 곳에서도 당당히 조선의 노래를 부르거나 조선인을 괴롭히는 일본인을 주먹으로 때려눕힐 만큼 결기도 대단했다. 게다가 철봉, 육상, 수영, 권투까지 못하는 게 없는 만능 스포츠맨이었다.

그런 이중섭을 사랑한 여인은 일본의 양갓집 규수 야마모토 마사코였다. 그녀는 원산으로 돌아온 이중섭을 따라 조선으로 건너왔고, 이름도 한국식으로 이남덕이라 지었다. 당시 일본 여성으로서는 대단한 용기가 필요한 행동이었는데, 이중섭에 대한 사랑이 얼마나 지극했는지 알 수 있다. 이토록 깊은 사랑으로 맺어진 부부는 두 아들을 낳았고 오순도순 행복한 한때를 보냈다. 그러나 그 행복은 짧았고, 사랑한 만큼 이별의 시간은 길었다.

한국전쟁 당시 공산주의 체제를 선택한 북쪽에서는 예술인들의 자유로운 창작 활동을 제약하기 시작했고, 특히 이중섭의 몇몇 작품은 사상성이 의심스럽다는 강한 비판에 직면했다. 더 이상 고향에서는 자유로운 예술관을 펼칠 수 없음을 직감한 그는 전쟁이 끝나면 올라오겠다는 마음으로 월남행을 결심했다.

어렵사리 아내와 아이들을 거느리고 남쪽 땅으로 내려왔으나 그의 앞에는 가난이라는 시련이 기다리고 있었다. 더 이상 본가로부터 지원을 받을 수 없게 되자 그는 처자식을 데리고 제주도, 통영, 부산 등을 전전하며 살았다. 그림 재주밖에 없는 그로서는 가족을 부양한다는 게 쉬운 일이 아니었다. 더욱이 전쟁통에 그림을 팔아서 돈을 번다는 건 언감생심이었다. 결국 아내는 영양실조로 결핵을 앓았고 아이들의 미래까지 암담해지자 이중섭은 1952년 2월, 부인과 아이들을 일본으로 떠나보냈다.

홀로 남은 이중섭은 외롭고 힘든 생활을 버티다가 가족에 대한 사무치는 그리움에 못 이겨 1953년 일본으로 밀항을 했다. 그리던 가족을 만나긴 했지만 처가의 신세를 지며 살아갈 수 없었던 그로서는 기반을 마련하는 대로 다시 가족과 함께 살 것을 다짐하며 닷새 만에 돌아올 수밖에 없었다. 그러나 이것이 마지막 만남이었다.

이후 이중섭은 생계를 위해 삽화를 그리는 틈틈이 완성한 작품들을 모아 1955년 미도파 갤러리에서 제법 규모 있는 개인전을 열었다. 이중섭의 편지에 따르면, 당시 개인전의 성공을 위해 그는 "목숨을 걸고 새벽부터 일어나 안간힘"을 다했다. 그만큼 이 전시회는 절실한 기회였다. 설사 성공을 거두지는 못하더라도 최소한 기반이라도 만들어 가족과 함께 살 수 있기를 간절히 바랐던 것이다. 그러나 현실은 잔인했다. 관람객들의 호평은커녕 작품이 풍기 문란하다는 이유로 남한 당국의 전시 제지를 당했다. 은지 銀紙에 그린 작품 중 아이들의 벌거벗은 모습이 지적의 대상이었다. 결국 전시회 작품 중 일부가 철거되었고, 전시작 45점 중 팔려 나간 20점도 그림 값조차 제대로 받지 못했다. 그의 모든 것을 걸었던 전시회는 비극적으로 끝나고 말았다.

이중섭은 불행히도 고향인 이북에서도 창작 활동을 펼칠 수 없었고, 표현의 자유를 보장하겠다던 남한에서도 성과를 얻지 못했다. 절망에 빠진 그가 할 수 있는 일은 더 이상 아무것도 없었다. 유달리 자부심 강했던 그는 전시회의 충격에서 벗어나지 못했고, 얼마 후 정신분열 증상을 보이더니 사랑하는 부인의 편지도 음식도, 목숨과도 같은 그림마저 멀리한 채 서대문 적십자 병원에서 쓸쓸히 숨을 거두었다. 미도파 갤러리 개인전이 열린 지 1년이 지난 1956년

9월 6일 오후 11시 45분, 마흔의 젊은 나이였다. 죽음의 공식적인 원인은 간염이었지만 이미 그는 정신적으로나 육체적으로 모든 생존 활동을 포기한 상태였다. 이중섭이 죽었을 당시 병원에서는 그의 시신을 '무연고자'로 분류했다. 마치 불운했던 예술가의 고독한 최후를 말해 주는 듯하다.

이중섭이 남긴 작품을 보면 그의 고단한 삶까지 느낄 수 있다. 그러나 가족과의 만남을 염원하며 그린 따뜻한 분위기의 작품들과 우리 민족을 특유의 자신감이 넘쳐 나는 화풍으로 그린 그림은 짙은 감동을 안겨 준다. 그러한 감동으로 인해 1970년대부터 이중섭의 회고전과 재평가 작업이 들불처럼 일어났고, 이를 근거로 그의 일대기를 다룬 영화와 연극 등도 인기를 끌었다.

특히 1986년 호암 미술관에서 열린 30주기 회고전에 10만 명이나 되는 관람객이 몰리면서 이중섭은 근대를 대표하는 화가로 우뚝 섰다. 1990년대 신문의 문화면을 보면 종종 "화가 하면 이중섭과 피카소밖에 모르는 것이 우리나라의 현실"이라는 자조적인 고백을 발견할 수 있는데, 이처럼 척박한 상황에서도 이중섭은 대표 화가로 꼽힐 정도였으니 그 유명세를 짐작할 만하다.

지금도 이중섭의 대중적 인기는 여전하다. 그를 다룬 평전과 소설, 어린이책 등이 시중에 여러 권 나와 있을 정도다. 그러나 무연고자로 쓸쓸히 죽음을 맞았던 그가 인기 있는 스타 화가가 되기까지의 과정을 살펴보면 예술가의 고독한 운명에 대한 안타까움을 금할 수 없다.


## 소 한 마리 얼마예요?

요즘 한우 한 마리는 약 500만 원이다. 값이 비싸기로 유명한 일본 소 와규는 그보다 곱절이나 된다고 한다. 그런데 살아 있는 소보다 훨씬 비싼 소가 있다. 바로 국내 미술 시장에 등장한 소 그림으로, 하나는 고흐의 「누운 소」라는 작품이고 다른 하나는 이중섭의 「황소」다. 「누운 소」는 2008년 국내 K옥션이 개최한 경매에서 한국 최초로 등장한 고흐의 작품으로 29억 5,000만원에 낙찰되었다. 한국에서 조용히 나타났다가 순식간에 거래되는 바람에 해외에서는 고흐의 이름값에 비해 너무 싸게 팔렸다는 후문이 있었다.

고흐의 작품이 큰 뉴스거리를 제공한 지 2년이 지난 2010년, 서울옥션에 이중섭의 「황소」가 등장했다. 그런데 그 낙찰가는 세계적인 화가 고흐보다 무려 6억 이상이나 높은 35억 6,000만 원이었다. 한국인들은 수입산 소보다 국내산 소를 선호한 것일까? 사실 이중섭의 「황소」는 작가의 대표작이기 때문에 최고가를 기록한 경우이며, 고흐의 「누운 소」는 초기작으로서 미술계의 관심도가 낮은 편이라는 점을 고려해야 할 것이다. 이러한 배경을 모른 채 단순히 액수만으로 작가와 작품의 가치를 논하는 것은 위험하다.

한데, 앞선 두 경매를 보면 이전과 사뭇 달라진 분위기를 감지할 수 있다. 우선 장소가 해외의 유명한 경매 회사가 아니라 국내 경매 회사라는 점이다. 이는 1990년대와 구분되는 2000년대의 특징이라 할 수 있다. 해외에 소더비와 크리스티라는 경매 회사가 라이벌 관계에 있다면, 국내에서는 2000년대에 등장한 두 미술 경매 회사가 그러한 경쟁 구도를 형성했다. 앞서 고흐와 이중섭의 '소'를 주제로 한 작품 경매가 서울옥션과 K옥션의 경쟁 관계를 보여준다. 서울옥션은 1998년부터 활동을 시작했고 K옥션은 그보다 늦은 2005년부터인데, 각각 대형 화랑이 주도하고 여러 주주가 참여한 형태다. 이로써 한국은 기존의 미술품 판매 시장인 화랑과 고미술 상점을 기반으로 한 경매 회사가 자리를 잡았고, 그 덕분에 거래 가격도 과거에 비해 훨씬 투명해졌다. 경매 낙찰가가 해당 미술품의 기준 가격이 되어 화랑이나 고미술 상점이 제멋대로 값을 매기는 관행이 사라졌기 때문이다.

경매 회사는 과거에도 있었다. 일제 강점기에 일본인이 주축이 되어 형성된 '경성미술구락부'가 미술 경매 회사의 첫 형태로, 일제 패망 후 잠시 명맥을 유지했으나 곧 사라지고 말았다. 그 후로는 여러 상인들이 일시적으로 장소를 빌려 경매를 열거나 몇몇 화랑이 고객을 초대하여 경매를 시도했을 뿐 상설적인 경매 회사는 설립되지 않았다. 그렇게 된 가장 큰 이유는 미술 시장의 고객층이 두텁지 못하고 고객의 신뢰를 얻을 만한 경매 경험이 축적되어 있지 않았다는 것이다. 사실 그간 한국의 경제 상황을 고려할 때 미술품 경매에 관심을 둘 만한 부유층은 극소수였으며, 미술 경매에 관한 전문 노하우를 갖출 만한 여건도 마련되어 있지 않았다.

미술 경매 회사가 요구된 것은 1990년대 들어서였다. 한국의 고미술품이 해외 경매를 통해 빈번히 거래되면서 가격이 폭등하는 현상이 나타나자 국내에서도 제대로 된 경매 회사가 필요하다는 인식이 형성되기 시작했다. 게다가 그 무렵 중산층이 확산된 환경 역시 그러한 흐름을 부추기는 요인이었다. 경제적으로 여유 있는 중산층이 늘었다는 사실은 곧 수요층이 있음을 의미하기 때문이다. 여의도와 강남 개발에 이어서 나타난 신도시 건설 붐을 통해 당시 대한민국 중산층의 확대를 확인할 수 있다. 서울 내 신도시인 여의도와 강남 그리고 분당·일산·평촌 등의 수도권 내 신도시 건설은 반듯하게 정비된 도로망과 지하철을 기반으로 아파트 단지를 세운 후 상가와 학교를 배치하는 형태로 이루어졌다. 이 지역에는 비슷한 수입 규모를 지닌 대기업 회사원, 전문인, 교수, 중소기업인 등이 입주했고, 기대 이상의 시너지 효과가 나타나기 시작했다. 비숫한 경제력을 지닌 사람들이 함께 살면서 소비의 경쟁 현상이 벌어진 것이다.

이렇게 형성된 중산층은 2000년대에 접어들면서 가장 활발한 소비층으로 대두되었다. 대체로 1970~1980년대의 여의도·강남의 주민과 1990년대의 신도시 거주자가 주축이다. 이는 한국의 전체 인구로 보면 15퍼센트 내외에 불과하지만 과거와 차별화된 문화 시장을 열기에는 충분한 규모였다. 이들은 자신이 살고 있는 아파트 벽을 장식할 그림을 사거나 재테크용으로 미술품을 수집하는 등 다양한 소비 양상을 보였다. 이는 그림 시장이 그만큼 대중화되었음을 방증하는 것으로, 경매 시장을 활성화하는 데크게 기여했다.

이렇듯 호조를 보이는 가운데 미술 시장에도 획기적인 변화가 나타났다. 한동안 미술 시장의 중심에 있던 고미술이 근현대 미술에 자리를 내준 것이다. 이에 따라 경매 회사도 고미술에서 근현대 미술 쪽으로 비중이 옮겨졌다. 이에 따라 2000년대 들어 근대 미술품 가격이 폭등할 때 고미술품의 가격은 현상을 유지하거나 하락을 면치 못했다. 이와 관련하여 여러 가지 분석이 있었다. 아파트 실내를 장식하기에는 서양화가 동양화보다 낫다는 주장, 그동안 치솟은 고미술품의 가격이 정점에 다다르자 상대적으로 저렴한 근현대 미술품이 주목받았다는 주장 등이다. 실제로 1988년에 방송된 드라마『모래성』을 보면 변호사인 주인공의 주택에는 고가구 위에 19세기 조선백자가 놓인 반면, 상대 여성이 사는 아파트 벽에는 서양식 액자 그림이 걸려 있다. 무의식적인 현실의 반영이 아닐 수 없다.

아닌 게 아니라 아파트로 대변되는 신주거지에서 성장한 새로운 미술 애호가들은 고대 유물이나 전통 회화보다는 서양화를 더 친근하게 여기는 경향이 있다. 어쩌면 서양식 근대화와 산업화라는 흐름에 익숙한 이들에게는 자연스러운 현상일지 모른다. 주택 구조, 복식, 교육, 사회 체제 모두가 서양식인데 문화만 근대 이전의 것을 추구한다는 게 오히려 이상한 일이다. 그런 이들에게 조선 시대의 안견, 정선, 김홍도보다는 이중섭의 그림과 가슴 아픈 생애가 더 피부에 와 닿을 수밖에 없다.

이런 관점에서 이중섭의 「황소」를 30억 원이 넘는 값에 구입한 주인공도 주목할 만한 인물이다. 영업사원에서 시작하여 독자적 사업체를 일궈 낸 유니온 약품의 안병광 회장이다. 마침 안 회장도 여의도 개발 이후 이 지역 아파트에서 살아온 만큼 그 기반이 새롭게 등장한 신도시 문화와 딱 맞아떨어졌다. 「황소」가 자신의 탄생 배경에 어울리는 주인을 찾아간 형국이다.

## 부암동 서울 미술관의 의미

'근대 미술관'은 대략 19세기 후반 이후의 근현대 작품을 전문적으로 수집, 전시하는 공간을 일컫는다. 대표적으로 프랑스 파리의 퐁피두 센터나 오르세 미술관이 있다. 파리에서 일어난 인상주의 미술이 근대의 상징적인 예술로 인식되면서 두 미술관은 세계적인 관광 명소가 되었다. 이곳에는 모네, 르누아르, 세잔, 고흐, 고갱 등 우리에게도 무척이나 익숙한 후기 인상파의 작품과 현대 작품이 시대순으로 전시되어 있다. 그림의 기법을 떠나 이전 세대 작가들과 이들의 차이가 있다면 아마도 시간적으로 우리에게 가깝다는 것이 아닐까 싶다. 인상파 그림 속의 배경은 이미 근대화된 공간이어서 감상하는 이로 하여금 오래된 과거가 아니라 비교적 최근의 풍경을 대하는 친숙함을 안겨 준다.

뒤이어 근대화된 미국과 일본에도 이러한 근대 미술관이 존재한다. 일본은 1952년 도쿄 국립 근대 미술관을 세웠는데, 서구에 비해 규모는 크지 않지만 프랑스의 인상파 그림을 일본에 널리 알린 구로다 세이키와 그 제자들의 작품들을 전시하고 있다.

구로다 세이키는 법률 공부를 하러 프랑스에 갔다가 인상파의 그림에 매혹되어 그림을 연구한 인물로, 그의 제자들도 인상파 그림을 토대로 하여 일본식 근대 미술을 크게 발전시켰다. 그러한 공로를 인정하여 프랑스 정부는 그에게 훈장을 내리기도 했다. 아무튼 구로다 세이키 덕분에 도쿄 국립 근대 미술관은 서양 미술의 세계를 만끽할 수 있는 공간으로 조성되었고, 관객들은 시대별 작가의 작품을 관람할 수 있다.

한국에는 아직까지 진정한 의미에서의 '근대 미술'을 전시하는 공간은 없다고 봐야 할 것이다. 한때 과천의 국립 현대 미술관에서 근대 미술이 상설 전시된 적은 있으나 시대의 흐름을 보여 주기에는 부족했다. 요즘은 덕수궁 미술관에 가면 근대 작품을 볼 수 있지만 일부 특별전을 제외하면 역시 근대 전체를 아우르는 전시라 하기에는 역부족이다. 한편 리움 미술관에서 한국의 근대 미술을 시대 순으로 확인할 수 있는 상설 전시가 기획된 적이 있는데, 그나마 가장 풍부한 내용을 갖추었다.

이처럼 볼거리가 부족한 현실 때문인지 근대 미술을 특별전 형식으로 전시할 때면 문전성시를 이루곤 한다. 대략 1980년대 후반부터 1990년대에 이르기까지 대규모 근대 미술 전시가 자주 열렸고, 관람객의 숫자도 계속 늘어났다. 그러다가 최근 들어 새로운 가능성을 제시하는 전시회가 기획되고 있다. 예를 들어 2008년 12월부터 이듬해 3월까지 덕수궁에서 열린 '한국 근대 미술 걸작전: 근대를 묻다'에서는 이중섭, 박수근, 김환기, 천경자, 도상봉, 김기

창, 이응노 등 근대 미술 작가들의 대표작 232점이 완성도 있는 스토리텔링 형식으로 전시되어 좋은 반응을 얻었다.

몇 년 뒤 2013년 10월 덕수궁에서 시작하여 2014년 7월 부산 시립미술관에서 막을 내린 '한국 근현대 회화 100선' 전시는 더욱 놀라운 성과를 거두었다. 서울의 관람객이 40만, 부산의 관람객이 12만, 합쳐서 52만 명이라는 예상치 못한 흥행을 기록한 것이다. 이 정도의 호응은 서울의 유명 미술관에서 열리는 서양 회화 기획전과 엇비슷한 수준이다. 더욱이 무료 관람이었던 2008~2009년의 전시에 비해 2014년 전시는 6,000원의 관람료를 받았는데도 관객이 오히려 더 많았다. 과연 이 현상이 의미하는 것은 무엇일까? 한국 근대 미술에 대한 관객의 수요가 분명히 존재한다는 것 그리고 그 수요를 채울 만한 공간이 부족하다는 의미가 아닐까?

이러한 아쉬움을 조금이나마 충족시켜 주는 곳이 있다. 2012년 8월에 개관한 부암동의 서울 미술관이다. 이 미술관은 앞서 서울옥션 경매에서 이중섭의 「황소」를 낙찰받았던 안병광 회장이 세운 곳으로, 부암동 석파정 터에 위치하고 있다. 석파정은 본래 흥선대원군 이하응의 별장이었는데, 최근 두 차례의 경매에서 유찰되고 말았다. 과거에는 서슬 푸른 대갓집이었으나 오늘날 활용하기가 마땅치 않은 탓일 것이다. 안 회장은 65억 원에 석파정 터를 매입한 후 지하 3층 지상 3층의 건물에 500평 규모의 전시 면적을 보유한 미술관을 건축했다. 단일 사립 박물관 건물로는 리움 다음가는 규모였다. 서울 미술관은 부지 매입에서 완공되기까지 무려 7년이 걸렸는데, 우여곡절 끝에 개관된 모습을 보면 미술관이 자리하기에 더없이 안성맞춤이다.

서울 미술관을 건립한 안병광 회장에게는 흥미로운 사연이 있다. 1980년대 초 영업사원으로 생활할 때였다. 명동의 표구점 간판 밑에서 비를 피하던 그는 쇼윈도 안에 비치된 괴상한 소 그림을 보게 됐다. 처음에는 '뼈다귀만 남은 것 같은 흉측한 소 그림' 정도였는데, 들여다 볼수록 강한 기운에 마음이 끌리는 것을 느꼈다. 표구점 안으로 들어간 그는 작가가 이중섭이라는 사실조차 모른 채 7,000원짜리 복제 그림을 사 버렸다. 이것이 이중섭과의 첫 만남이었다. 그는 이 그림을 아내에게 선물하면서 나중에 이중섭의 진짜 「황소」를 사 주겠노라 약속했고, 수십 년이 흐른 뒤에 그 약속을 지켰다.

「황소」가 그의 손에 들어오게 된 사연도 꽤 흥미롭다. 1952년 12월, 이중섭의 작품 세 점을 구입한 사람이 있었다. 그중에 「길 떠나는 가족」이 포함되어 있었는데, 이 사실을 나중에 알게 된 이중섭은 구입자를 찾아가 그 그림을 돌려줄 것을 간곡히 부탁했다. 「길 떠나는 가족」은 그해 2월 일본으로 떠나보낸 가족에 대한 간절한 그리움이 담긴 작품으로, 차마 남에게 팔 수 없었던 것이다. 대신 그는 자신이 새로 그린 「황소」라는 작품을 주겠다고 제안했다.

이렇게 해서 돌려받은 「길 떠나는 가족」은 이후 여러 사람의 손을 거쳐 안병광에게 안착했다. 그런데 2010년 이중섭의 「황소」가 서울옥션 경매에 붙여진다는 소식을 접한 안병광은 「황소」를 구입하는 조건으로 「길 떠나는 가족」을 경매 회사에 넘기겠다는 제안을 했다. 낙찰가가 정해지면 그 차액을 지불하겠다는 조건이었다. 결국 이 작품은 이중섭 작품 중에서 당시 최고 낙찰가인 35억 원을 기록하며 안병광이 소유한 「길 떠나는 가족」과 맞바꾸는 상황이 연출되었다. 1952년 교환되었던 두 그림이 2010년 다시 한 번 교환된 것이다. 마치 이중섭과 안병광이 남다른 인연으로 연결된 느낌이다.

안병광은 이중섭과의 인연으로 인해 이중섭의 여러 작품을 소장하게 되었을 뿐 아니라 관심의 폭이 넓어지면서 근대 작가들의 여러 작품을 수집하게 되었다. 그리고 이러한 여정의 귀착지는 서울 미술관이었다. 말단 영업사원에서 시작하여 매출 3,000억의 중견 기업 대표로 성공한 자신의 인생처럼 가난한 월급봉투를 털어 그림을 수집하던 그는 어느덧 미술관의 소유주가 되었다.

개관한 지 얼마 되지 않았지만 서울 미술관은 특별 기획전과 상설전으로 나뉘어 운영되고 있는데, 벌써 대중에게 좋은 반응을 얻고 있다. 기획전은 특정 주제에 따라 선별된 근현대 예술 작품 또는 기업 후원을 바탕으로 한 현대 작가의 작품 중심으로 전개되고 있다. 상설전은 미술관이

이중섭
1916~1956

어려운 시절 이중섭이
가족을 위해 그린 작품들은 결국 생전에
그 가치를 인정받지 못했으나,

사후 한 소장가의 마음을 크게 울리면서
서울 미술관을 만드는 계기가 된다.

안병광
1956~

2012

서울 미술관

소장하고 있는 근대 작가들의 작품들을 폭넓게 보여 주고 있다. 이 미술관에 전시되는 근현대 작가는 이중섭을 필두로 김환기, 이대원, 유영국, 박수근, 나혜석, 김기창, 장욱진, 천경자, 도상봉, 박생광, 김창열, 박서보, 이우환, 오치균, 고영훈 등으로 한국의 근현대를 대표하는 작가들이 대부분 망라되어 국립 현대 미술관만큼이나 다양하다.

서울 미술관의 장점은 전시가 지루하지 않다는 점이다. 매일 똑같은 작품들을 걸어 놓고 전시하는 형식이라면 아무리 멋진 작품이라도 식상해지기 마련인데, 이곳에서는 다양한 볼거리를 마련하면서 조금씩 변화를 주는 전시 방식을 통해 관람객을 만족케 한다. 이와 더불어 서울 미술관의 뒤쪽으로는 흥선대원군의 별서인 고풍스러운 석파정이 보존되어 있어 함께 구경할 수 있는 장점이 있다.

오늘날 우리의 근대 미술을 이만큼이라도 향유할 수 있는 데는 이러한 개인 소장가들의 의지가 뒷받침되어 있다. 근대라는 극심한 혼란기를 온몸으로 통과한 예술가들의 작품에는 예술적 가치 이상의 감동이 담겨 있으며, 아마도 그러한 감동 때문에 그 작가와 작품을 사랑하게 되는 것 같다. 그러고 보면 본질적인 예술의 위대함이란 작품에 깃든 예술혼이 아닐까 싶다.

그런 점에서 서울 미술관은 뜻깊은 공간이다. 해외의 유명한 근대 미술관처럼 규모가 크지는 않지만 근대 작가들의 귀한 작품을 시대순으로 관람할 수 있는 것만으로도 우리에게는 큰 의미가 있다. 더욱이 국가나 지자체가 세운 것이 아니라 한 개인의 순수한 의지로 이룬 공간이라는 점에서 각별하지 않을 수 없다.

서울 미술관의 탄생은 어쩌면 성숙한 한국 문화의 한 표상인지도 모른다. 성공적인 근대를 통과한 프랑스, 영국, 미국, 일본 등의 문화는 안정된 과정을 거쳐 정착했지만 우리는 매우 척박한 토대에서 뒤늦게 출범했으므로 서울 미술관은 실패한 근대를 극복한 사례라고 말할 수 있다. 분명한 사실은 국난의 시대에도 의식 있는 소장가들의 노력으로 많은 예술 작품이 살아남을 수 있었다는 점이다. 서울 미술관을 비롯한 여러 박물관을 찾아가면 그 고단한 여정을 확인할 수 있다.

# { 괴짜 예술인의 탄생 }

## 천안 야외 조각공원

천안이라는 도시는 하루 7만 명의 인구가 드나드는 교통의 요지로 유명하다. 반면 이 도시를 문화 예술의 이미지로 떠올리는 이는 거의 없을 것이다. 사실 천안은 교통과 문화 예술이라는 요소가 잘 접목된 도시다. 버스터미널을 중심으로 백화점, 대형 할인매장, 고급 음식점, 영화관, 대형 서점, 화랑 등이 한 공간에 집결되어 있기 때문이다. 물론 이런 규모의 복합 시설은 강남 코엑스, 광주 유스퀘어, 대전 복합 터미널 등 전국 대도시에 잘 구축되어 있기 때문에 특별한 사례라고 말할 수는 없다. 그러나 천안을 문화의 도시라 할 만한 특별한 이유가 있다. 바로 세계적인 예술가들의 예술 작품이 전시되어 있는 야외 조각 공원 때문이다. 이곳에 가면 데미안 허스트, 아르망 페르난 데스, 키스 해링, 코헤이 나와, 수보드 굽타, 김인배 등의 작품 30여 점을 만날 수 있다.

데미안 허스트는 영국 출신의 현대 미술 작가로서 도발적인 이슈와 더불어 시각적인 충격을 안겨 주는 작품으로 유명하다. 그는 현대 예술가 중 몸값이 가장 높은 작가다. 현대 미술에 조금만 관심이 있는 사람들이라면 그의 이름이 매우 익숙할 것이다. 현재 데미안의 작품들은 세계 유명 미술관에 소장되어 있는데, 놀라운 사실은 그의 대표작이 천안의 야외 조각 공원에 있다는 점이다. 바로 「찬가」Hymn 와 「채러티」Charity 두 작품이다.

「찬가」는 장난감 해부 모형을 6미터 이상의 크기로 확대한 작품이고, 「채러티」는 영국의 1950년대 소녀 인형 모양의 자선모금 상자를 역시 6미터 이상의 크기로 확대한 작품이다. 가격 또한 상당해서 오직 4개만 제작된 「찬가」는 처음 구입할 때 100만 파운드였던 것이 2002년에는 250만 파운드가 되었다. 당시 돈으로 환산하면 23억 원에 해당하는 금액이다. 비슷한 시기에 구입한 「채러티」도 가격만 따져 보면 약 30억 원에 상당한다. 물론 지금은 구입 당시보다 3~4배나 올라서 100억 원 이상을 호가한다. 이미 세계적인 명성을 얻은 작가의 대표작인 만큼 시간이 흐를수록 그의 작품을 원하는 곳이 늘어나는 탓이다. 이른바 현대 미술관이나 수집가로서 인정받으려면 데미안 허스트의 작품 한 점 정도는 소장해야 하는 추세다.

이처럼 세계 유명 미술관에서 애타게 원하는 작품을 천안 시민들은 언제나 무료로 볼 수 있다. 천안 사람들은 고속버스를 타러 갈 때도, 백화점으로 쇼핑을 갈 때도, 가족 외식을 할 때나 연인과 데이트를 할 때도, 영화를 볼 때도, 책을 구입하러 서점에 들를 때도 귀한 작품들을 감상할 수 있다. 복잡하고 삭막한 도심에서 이처럼 수준 높은 예술을 감상할 수 있다는 건 크나큰 행운이다. 더욱이 이런 작품을 배경으로 일상생활을 영위한다는 건 타 지역 사람들의 부러움을 사기에 충분하다.

조각 공원의 작품들은 여기저기 자연스럽게 배치되어 있어 마치 무작위로 세워 놓은 것처럼 보이지만 사실은 매우 세심한 공간 구성에 따른 것이다. 이러한 배려가 이루어졌다는 데서도 이 조각 공원의 수준을 짐작할 수 있다.

이쯤 되면 야외 공간 자체를 세계적인 미술 전시장으로 꾸민 사람의 정체가 궁금하지 않을 수 없다. 적어도 세계적인 대가들의 작품을 무료로 열린 공간에 제공했다는 사실만으로도 배포가 큰 인물임에는 틀림없다. 더욱이 미술관이라는 전형적인 공간 대신 야외 공간을 선택했다는 데서 감상의 몫을 완전히 시민들에게 맡기려 한 의도를 읽을 수 있는데, 이는 시민들의 예술 의식에 대한 설립자의 신뢰를 말해 주는 듯하다.

사실 야외 조각 공원을 만든 이의 이름은 공원 여기저

기에서 확인할 수 있다. 몇몇 전시 작품의 표지에 적힌 'Ci Kim'(씨킴)이라는 제작자명이 바로 그의 이름이기 때문이다. 그렇다면 씨킴이란 인물은 예술가란 말인가? 그렇기도 하고 아니기도 하다. 왜냐하면 그는 천안 야외 조각 공원을 감싸고 있는 거대한 복합 센터를 세운 사업가이자 미술 작품 수집가이며, 화랑 운영과 작품 활동까지 겸하고 있기 때문이다. 어찌 보면 그는 예술품의 생산, 유통, 소비의 주체라 할 수 있다. 그런 면에서는 국내뿐 아니라 해외에서도 좀처럼 보기 드문 괴짜 소장가임에 틀림없다.

궁금증은 더욱 증폭될 수밖에 없다. 씨킴이란 어떤 인물인지, 천안에 문화 명소를 만들게 된 배경은 무엇인지, 데미안 허스트를 비롯한 세계적인 현대 작가의 작품은 어떻게 소장하게 되었는지……. 세상에 잘 알려지지 않은 이 특이한 인물에 대해 좀 더 알아보기로 하자.


## 씨킴은 누구인가


1978년 천안 시외버스터미널의 매점 주인 김창일, 그가 훗날의 씨킴이다. 젊은 시절 사업가를 꿈꾸었던 그는 주변의 반대를 무릅쓰고 1986년 시외버스터미널을 인수하여 8년여 만에 매점 경영인에서 시외버스터미널 소유주가 되었다. 그의 도전은 여기에서 멈추지 않았다. 좀 더 나은 터미널을 만들기 위해 선진 각국의 유명 터미널에 대해 연구하던 그는 백화점이 연계된 새로운 터미널 형태에 도전하기로 했다. 그는 미국 그레이하운드 터미널이나 일본 나고야 버스터미널 등 현장으로 달려갔고, 선진국에서 유행하고 있는 복합 문화 단지를 국내에 도입하기 위한 구체적인 그림을 그려 나갔다. 결국 1989년 더 넓은 부지를 얻고 250억 원을 투자해 새롭게 터미널을 건축한 후 이곳에 백화점과 영화관까지 구비하여 복합 문화 센터의 꿈을 이루어 냈다.

이번에는 전혀 새로운 도전이 시작되었다. 복합 문화 센터를 구상하느라 해외를 돌아다니면서 수많은 갤러리를 탐방하던 그는 자연스럽게 작품을 수집했고, 취미로 수집한 작품이 쌓이자 갤러리를 열기로 작정한 것이다. 결국 유명한 작가의 작품을 구입하여 야외 공원에 하나둘 전시함으로써 서울에서도 볼 수 없는 독창적인 공간을 완성했다. 이것이 오늘날 천안의 터미널 복합 단지와 조각 공원 및 아라리오 갤러리의 역사다.

김창일이 적극적으로 꿈을 펼치던 당시는 마침 강남과 수도권의 신도시에서 형성된 중산층 문화가 지방 거점 도시로 확산되고 있었기 때문에 새로운 문화 공간도 호응을 얻기에 적합했다. 어찌 보면 그가 시기를 잘 만난 덕분에 사업이 번창한 것처럼 보일지도 모르겠다. 그러나 당시 그

길은 누구도 가지 않은 길이었고 대단한 용기가 필요한 일이었다. 사실 용기보다는 자신이 하고 싶은 일에 대한 강렬한 도전 의식이 추진력 아니었을까 싶다. 그가 더 큰 꿈을 꾸지 않았다면 시외버스터미널 매점 경영인에 머물고 말았을 것이다.

그가 꿈을 이루는 과정에서 가장 주목되는 점은 선진국에서 미래를 발견했다는 것이다. 사업 초기인 1981년 김창일은 사례 연구차 들른 로스앤젤레스 현대 미술관에서 세계 미술의 현장을 체험한 후 충격을 받았다고 한다. 이후 수집 방향은 한국 미술품에서 해외 미술품 쪽으로 바뀌었고, 그즈음 주목을 받기 시작하던 영국의 yBa에 매료되었다. '젊은 영국 작가의 모임'young British artists이라는 뜻을 가진 yBa는 데미안 허스트를 중심으로 한 여러 예술가가 어울려 작품 전시를 하면서 화제가 된 그룹으로, 기존 예술계에서는 상상도 못했던 재료와 이미지를 작품에 활용함으로써 파격적인 작품을 선보였다. 당시 현대 미술은 대중과 점점 괴리된 채 작가만의 세계에 안주해 있다는 비판을 받고 있었는데, yBa는 이러한 기존의 현대 미술 판도를 조금씩 바꾸면서 독특한 자기만의 색채를 만들어 가고 있었다. 김창일은 그러한 변화의 큰 흐름을 본 것이다.

그러나 단순히 작품에 관심을 갖는 것과 소장하는 것은 완전히 다른 문제다. 소장한다는 것은 일종의 작가에 대한 투자로, 대체로 널리 인정받는 작가의 작품을 구매해야 안정적이다. 다시 말하자면 yBa 그룹처럼 실험성을 지향하는 신진 작가의 작품은 안정적인 소장 가치가 별로 없다는 뜻이다. 그러나 김창일은 과감히 데미안 허스트, 마크 퀸 등의 yBa 대표 작가 작품들을 서구의 수집가들보다 한 발 앞서 매입했다. 물론 현재 이 작가들은 가히 세계적인 명성을 얻고 있다.

비슷한 시기에 그는 독일 라이프치히파派에도 주목했다. 구동독 지역인 라이프치히에서는 통일 이후에도 고독한 자아와 인간 존재라는 깊이 있는 테마로 미술 활동을 펼치는 작가들이 있었다. 특히 공산주의와 자본주의가 결합된 묘한 세계관이 작품에 투영되었는데, 이것은 라이프치히의 지정학적 특수성과 정치적 상황에 따른 경향이기도 하다. 당시 통일 이후의 독일은 구 공산권인 동유럽에 자국 기업을 대거 진출시킴으로써 정치 경제적으로 동유럽을 이끄는 분위기를 조성하였다. 그런 만큼 동유럽 등지에서 독일로 유입되는 이민자도 많아졌으며, 그에 따라 다양한 문화를 수용하는 성숙한 태도가 요구되었다. 반면 독일 통일 이후 물질적으로나 문화적으로나 삶의 질이 상대적으로 서독 지역보다 낮았던 동독 출신들의 상실감은 더욱 깊을 수밖에 없었다.

라이프치히파의 작품은 동독 출신들의 세계관, 통일 독일의 세계관, 나아가 서구 자본주의로 흡수된 동유럽 지역의 세계관, 더 넓게 보면 자본주의가 도입되면서 물질적으로는 풍족해졌으나 내면은 공허해진 세계 곳곳의 세계관이 드러난다. 그리고 이렇듯 폭넓은 동질감을 형성케 하는 작품은 그 가치가 크게 올라간다.

yBa에 이어 라이프치히파의 작품들을 과감히 수집하던 김창일은 다시 아시아 예술에 관심을 갖기 시작했다. 이 또한 아무도 관심을 갖지 않았던 분야로, 현대 미술의 엄숙함보다는 관객과 소통할 수 있는 작품을 선호하는 그의 성향 때문이기도 하다. 그는 한국을 비롯한 중국, 인도, 일본, 동남아 등지에서 독특한 예술 세계를 지닌 실력파 작가들을 발굴했고, 자신이 만든 아라리오 화랑을 통해 아시아 예술인들을 세계에 알리는 작업에도 적극적으로 나섰다.

솔직히 말해 국내의 수많은 화랑은 국제적 중개 활동이 상당히 부족한 형편이다. 아직도 한국의 미술 시장은 우물 안 개구리인 셈이다. 이는 작품을 홍보하는 능력이 서구에 비해 미숙한 탓이기도 하겠지만 아시아 미술 시장의 기반이 탄탄하지 못한 탓이기도 하다. 그래서 더욱 김창일의 도전은 선구적이기까지 하다. 그러나 유럽에서 현대 예술이 빠르게 변모하는 과정을 직접 경험한 그는 아시아에 조만간 닥쳐 올 흐름을 전망한 듯하다. 어쩌면 개발도상국과 선진국 사이에서 한국은 아시아의 다양성을 소개하는 다리 역할을 하기에 안성맞춤일지도 모르겠다. 여기에는 최근 10년 사이에 중국, 대만, 동남아, 일본 그리고 미국, 유럽을 포함한 서구까지 확산된 '한류'의 붐도 한몫을 하지 않았을까 싶다.


## 작품이 보여 주는 세계관

역대 세계 미술의 중심지를 살펴보면 묘한 공통점이 있다. 정치 안정과 경제력을 보유한 국가일수록 타국에 대한 영향력이 높고 다양한 인종과 다양한 가치관을 포용한다는 사실이다. 아마도 정치와 경제 분야에서 선구적인 위치에 있기 때문에 자연적으로 주변 국가에서 많은 유학생이나 이민자가 유입되어 만들어지는 현상일 것이다. 이러한 사실로부터 알 수 있는 것은 국가 간의 문화 교류라는 것도 정치와 경제의 틀로부터 벗어나지 않으며, 포용력을 지닌 강대국의 문화는 다시 주변국으로 확산된다는 점이다. 결국 문화는 위에서 아래로 흐르기 때문이다.

과거 동아시아에서는 중국이 그러한 영향력을 발휘했다. 중국에서 시작된 동양화, 서예, 도자기, 청동기 등이 한반도를 비롯한 아시아 문화에 큰 영향을 끼쳤고, 주변국들 역시 중국의 유행을 따르고 배웠다. 19세기 말의 서양에서는 프랑스가 그러한 위치에 있었다. 영국에 이어 두 번째로 산업 혁명을 일으킨 프랑스에서는 실증적인 과학과 철학을 바탕으로 한 인상파 미술이 탄생했는데, 이는 근대의 상징과도 같은 것이었다. 이후 산업화와 근대화 단계에 들어선 나라마다 인상파 미술이 유행처럼 급속히 전파되었기 때문이다. 근대화 시기 미국, 일본, 베트남, 한국으로 이어진 화풍을 되짚어 보면 그러한 경향을 확인할 수 있다.

물론 그 영향력은 지금까지도 이어지고 있다. 모네, 세잔 등 프랑스를 대표하는 근대 인상파 작품 중 완성도 높은 그림이 한 점당 200억 원 이상에 거래되는 것을 보면 이해가 쉽다. 그만큼 이들 작품을 좋아하고 소장하려는 사람들이 세계 곳곳에 많다는 의미일 것이다. 물론 프랑스의 영향을 받은 각국의 화가가 그린 인상파 형식의 작품도 미술 시장에서 높은 가격을 형성하고 있다.

현대 미술로 넘어오면 미국의 강세다. 2차 대전 이후 급부상한 미국은 다양한 이민자를 받아들이면서 높은 수준의 경제력과 문화를 갖추게 되었으며, 철학과 과학 분야에서도 점차 유럽을 추월하여 세계 최고의 수준에 올랐다. 이뿐 아니라 공산주의를 대표하는 소련과의 냉전을 통해 획득한 국가 이미지, 즉 자본주의를 대표하는 국가라는 이미지는 소련이 붕괴된 지금까지도 여전히 지속되고 있다. 이런 흐름 속에서 미국의 경제 중심지인 뉴욕은 1960년대 이후 세계 미술 시장을 주도하기 시작했다. 반면 프랑스 파리와 영국 런던의 명성은 유럽의 하락세와 맞물려 조용히 밀려나고 말았다. 이렇듯 뉴욕을 주요 근거지로 삼아 등장한 앤디 워홀, 키스 해링 등의 유명한 팝 아트 작가들과 절제된 표현으로 의미를 전달하는 미니멀 아트 작가들은 미국 미술의 힘을 선보였다. 지금도 그 영향력이 지속되고 있는 만큼 미국의 추상화, 팝아트, 미니멀 아트 작가들의 작품은 높은 금액으로 거래되고 있다.

그러나 1980년대 후반부터 미국과 소련의 양극 체제에서 다원화 체제로 세계가 재편되면서 영국이 예술계의 흐름을 주도하기 시작했다. 2차 대전 이후 영국은 '해가 지지 않는 나라'에서 '늙은 사자'로 전락했으나 공산권의 몰락과 더불어 다시 주목받게 된 것이다. 그 배경에는 소련과의 체제 경쟁에서 승리한 미국의 자본주의적 행보가 있다. 즉 자본을 앞세운 미국이 유럽 동부, 중동, 인도, 중국, 베트남 등으로 투자처를 늘리는 과정에서 영국이 지닌 역사적 브랜드와 더불어 세계 여러 지역의 인맥 및 정보가 요구되었다. 마침 유럽 연합과 미국 사이에서 적당히 간격을 두고 이익을 취하던 영국의 외교 방식은 정보의 객관성을 담보하는 것으로 보였다.

유럽은 영국이 젊은 미국에 미치는 영향력에 주목했다. 세계 여러 지역의 주요 정보를 접할 수 있는 곳으로 런던이 부상하자 세계의 부자들도 런던에 시선을 집중했다. 이는 1990년대부터 중동, 중국, 러시아의 부자들이 런던에 별장을 구입하던 흐름에서 확인할 수 있다. 이 부자들은 금융 정보가 풍부한 런던에 머물면서 자국을 원격 조종하고자 했다. 이로써 영국은 금융 중심국으로 재도약했다.

이러한 배경에서 yBa라는 예술 그룹이 영국에서 탄생했다. 그리고 이러한 파격적이고도 신선한 작품 세계를 주목한 사람이 있었다. 영국 광고 재벌 출신의 미술 수집자인 찰스 사치로, 그는 원래 미국 팝아트 작품들을 집중적으로 수집하고 있었으나 팝 아트의 예술적 가치관에 죽음과 삶의 이미지를 덧붙여 발전시킨 yBa의 작품에서 새로운 예술적 가능성을 본 것이다.

결국 찰스 사치는 자신의 성공 기반인 광고 기술과 자본력을 유감없이 발휘하는 현대 미술계의 손꼽히는 수집가로서 yBa 멤버들을 떠오르는 스타로 만들었다. 물론 1990년대 들어 세계 경제와 정보의 중심지로 부상한 런던이 이들의 성공에 중요한 토양이 되었음은 분명하다.

이처럼 예술은 크든 작든 간에 각 지역을 기반으로 하는 세계관을 바탕으로 하고 있으며, 특히 문화의 중심지에서는 대체로 다양한 세계관을 포용함으로써 주변국에 영향을 끼친다. 이는 다양성이 인정되는 사회일수록 세계적인 작품이 탄생할 가능성이 높음을 암시한다. 그러므로 훌륭한 소장가가 되고자 한다면 이러한 흐름을 잘 읽어 내는 안목이 무엇보다 중요하다.

## 도시 재생 사업과 문화

2013년 11월, 김창일 아라리오 회장은 한국 현대 건축의 걸작이자 건축가 김수근의 설계작으로 유명한 공간 사옥을 인수했다. 처음에는 공간종합건축사무소가 경영난을 이기지 못하고 사옥을 경매에 붙였으나 구매하려고 나서는 이가 아무도 없어 한 차례 유찰되었다. 이토록 가치 있는 건축물이 유찰되는 사건은 문화계 인사들을 깜짝 놀라게 만들었다. 이후 공간 사옥 보존을 위한 모금 활동이 벌어졌다.

공간 사옥의 인수 비용은 입찰가 그대로인 150억 원이었다. 원래 유찰되면 매매가의 10퍼센트가량이 깎이기 마련인데 김창일은 처음 입찰가 그대로 인수했다. 이렇듯 원만하게 거래가 성사되자 김창일이라는 인물은 새삼 사람들 사이에서 호기심을 불러일으켰다. 그는 미술계에서는 이미 유명 인사였지만 대중에게는 여전히 낯선 인물이었다.

공간 사옥이 인수되었다는 소식이 알려지자 일각에서는 건물 활용에 대한 우려를 나타냈다. 원래의 모습이 훼손되지 않을까 하는 걱정과 더불어 공간 사옥이 지닌 정체성이 희석되지 않을까 하는 걱정이었다. 그러나 김창일은 이러한 우려를 깨끗이 없애 주었다. 그는 노후한 건물에 새로운 의미를 부여하여 성공적으로 재창조하는 해외 사례들을 익히 알고 있었고, 현대 미술에 대한 감각도 지니고 있었을뿐더러 공간 사옥의 재탄생을 담보할 수 있는 3,700점의 소장품을 보유하고 있었다.

공간 사옥의 재건축과 관련하여 살펴볼 부분이 있다. 요즘 유행처럼 번지고 있는 도시 재생 사업이다. 쉽게 설명하면 오래된 지역을 재건하여 경쟁력을 높이는 프로젝트로서 이미 뉴욕, 런던, 파리, 독일 등지에서 많은 사례를 찾아볼 수 있다. 그중에는 재건축 방식이 아니라 옛 건물에 문화를 입혀 새로운 가능성을 부여하는 방식이 있는데, 일명 디자인 정책이라고도 한다. 대표적인 디자인 정책의 결과물은 런던의 테이트모던 미술관이다. 1996년부터 2000년까지 런던에서는 오일 쇼크로 폐쇄된 화력 발전소 건축물을 미술관으로 개조하는 프로젝트를 진행했다. 흥미로운 것은 벽돌과 창문뿐 아니라 미술관에서는 큰 의미가 없는 굴뚝마저 발전소 시절의 외형을 그대로 보전하고 내부만 전시 공간으로 개보수했다는 점이다. 그 덕분에 비용은 최소화하면서 새로운 개념의 미술관을 얻는 성과를 얻었다.

이 테이트모던 미술관의 방식은 기존 건축물을 재활용함으로써 '발전소에서 미술관으로' 변화된 과정을 그대로 보여 준다는 데 큰 의미가 있다. 이렇듯 기존 건물이 지닌 역사성을 살린다는 것은 재건축 개념과 구별된다. 말하자면 가치의 새로운 발견이라는 모토를 구현하는데, 원래의 공간에 대한 기억을 그대로 보존하되 활용 방안에 따라 건축물을 창의적으로 재활용할 수 있다는 점이 핵심이다.

물론 옛 건물을 문화 시설물로 개조한다고 해서 무조건 좋은 결과를 가져오는 것은 아니다. 내부에 채울 콘텐츠가 빈약하면 오히려 골칫거리가 되어 사람들로부터 외면 받을 수 있다. 또한 잘못 활용되거나 쓸데없는 투자가 이루어질 경우 시민들의 불만을 살 수도 있다. 결국 어떤 콘텐츠를 어떻게 채울 것인가 하는 부분에서 사회와의 능동적 소통이 요구되는 민감한 작업이다.

그런 면에서 공간 사옥을 리모델링하는 아라리오 프로젝트는 매우 안정적인 과정을 거쳤다. 김창일이라는 이름은 사실 국내보다 해외 미술계에 더 잘 알려져 있는 편이었으며, 뒤늦게 알려진 사실이지만 아라리오 프로젝트 또한 국내보다 해외 미술계에서 더욱 주목을 받았다. 그 덕분에 테이트모던 미술관 총관장인 니콜라스 세로타가 직접 공간 사옥을 방문하여 미술관 활용 방안에 대해 함께 논의하기도 했다.

인수한 지 9개월이 지난 뒤, 공간 사옥은 아라리오 뮤지엄으로 변신하여 대중에게 친근한 공간으로 다가왔다. 공간 사옥 시절에는 일반인에게 내부를 공개하지 않았으나 이제는 누구나 표를 끊고 건물 내부를 구경할 수 있게 된 것이다. 미로 같은 계단과 작은 방들이 원래대로 보존되어 있어 관람객은 건축가 김수근의 설계를 감상할 수 있고, 김창일이 수집한 다양한 작가의 작품들이 건물 내부에 자연스럽게 배치되어 있어 수준 높은 관람이 가능하다. 이러한 형태의 미술관이 아니었다면 이 건물이 과연 어떻게 활용되었을지 상상하기 어려울 정도다.

아라리오 뮤지엄의 동선은 전체를 한 바퀴 돌고 난 뒤 밖으로 나오는 구조인데, 미술관을 관람했다기보다는 마치 이상한 나라에 온 앨리스처럼 미지의 세계를 탐험한 느낌을 받는다. 이런 묘한 감동은 국내 어떤 박물관이나 미술관에서도 맛볼 수 없는 흥미진진한 경험으로, 그만큼 건축물 자체의 독특함과 전시 미술품이 잘 어우러졌기 때문이다. 어느덧 이 건물은 돈으로 환산할 수 없는 새로운 가치를 획득하게 되었다.

보란 듯이 공간 사옥을 미술관으로 재탄생시킨 김창일은 곧이어 새로운 도전의 결과물을 내놓았다. 한동안 버려져 있던 제주시 탑동 시네마라는 극장을 미술관으로 리모델링하여 개관했고, 이와 유사한 형식으로 제주도의 동문 모텔을 리모델링하여 미술관으로 변모시켰다. 그 바탕 철학은 공간 사옥과 연장선상에 있는데, 탑동 시네마의 경우 넓은 극장 공간을 활용하여 대형 예술품을 전시함으로써 관람객에게 스케일 있는 현대 미술의 세계를 보여 주고, 동문 모텔의 경우는 각각의 방마다 마니아적인 작품들을 전시함으로써 현대 예술의 다양한 세계를 보여 준다. 이는 각 건물이 지니는 특징을 최대한 살려서 작품을 배치한 것으로, 김창일의 예리한 기획력 덕분에 재활용된 건축물까지 예술 작품처럼 느껴질 정도다.

김창일이라는 인물이 나타나기 전까지 한국의 현대 미술은 세계적인 추세에서 한 뼘 정도 뒤져 있는 형국이었다. 그만큼 다양한 세계를 보여 주는 작품도 전시관도 부족했던 것이다. 그러나 김창일의 새로운 도전으로 인해 한국 현대 미술의 수준은 한 단계 올라섰다. 천안과 서울, 제주 그리고 상하이 등지에 그가 마련한 현대 미술 공간에서 대중은 현대 미술의 새로운 세계를 한껏 음미할 수 있게 되었다.

한편 기존의 건축물을 활용하여 전시장으로 만드는 과정을 일일이 공개하여 현대 미술이 과거의 기억과 동반하고 있음을 일깨워 준다는 점 또한 아라리오만의 큰 미덕이다. 이는 더 새로운 세계를 추구하는 현대 미술의 본질을 보여 주는 것 같기도 하다. 가장 새롭고 가장 현대적인 것은 결국 우리가 있는 이 자리에서 비롯된다는 사실, 독창적인 예술이란 현실에서 동떨어진 것이 아니라 이 시대의 삶에 기반하여 탄생한다는 사실을 말이다.

아라리오 뮤지엄
서울 공간 사옥

2014

데미안 허스트
「찬가」

2002
아라리오 갤러리 천안

천안에서 시작된 김창일의 고집스러운
예술 사업은 현재 천안, 서울, 제주,
상하이 등으로 넓게 펼쳐지고 있다.

2014

김창일
1951~

아라리오 뮤지엄 제주

## 아라리오의 미래

　일본 도쿄에는 1959년에 건립된 국립 서양 미술관이 있다. 1차 대전 당시 중공업을 통해 큰 부를 얻은 마쓰카다 고지로가 유럽에서 구입해 온 서양의 근대 미술품 370점을 토대로 한 미술관이다. 이후 르네상스 시대의 작품들이 더해지면서 4,500점의 컬렉션을 구비하게 되었는데, 이 정도 규모면 웬만한 서구 박물관이나 미술관에도 뒤지지 않는 수준이다. 아시아에서는 이 국립 서양 미술관의 규모를 넘어서는 곳을 찾아보기 어렵다.

　국립 서양 미술관은 일본의 근현대의 경제적 성공을 상징하는 공간으로서 유럽 문화의 진수를 감상하기 위해 지금도 많은 관람객이 찾고 있다. 그런가 하면 현대 미술 분야에서도 국립 서양 미술관을 잇는 다양한 미술관이 속속 건립되어 사회 전체에 풍부한 예술적 영감을 불어넣고 있다. 이렇게 일찍부터 세계 미술을 빠르게 습득하고 영향을 받은 덕분인지 일본은 오늘날 디자인이나 예술 분야에서 세계적인 수준에 달하는 작가들을 양산하고 있다.

　앞서도 말했듯이 프랑스에서 탄생한 인상파 회화는 근대 미술의 상징으로, 일본뿐 아니라 근대화와 산업화에 성공을 거둔 독일, 미국, 러시아에서도 많은 사랑을 받아 왔다. 각국마다 인상파 미술을 전시하는 근대 미술관들의 존재가 그 사실을 증명한다. 그리고 그 주변에는 근대 이후의 미술 세계를 보여 주는 전시 공간도 형성되어 있다. 이러한 양상을 통해 우리는 새로운 문화 예술을 추구하는 인간의 면모를 엿볼 수 있다. 즉 미술로부터 신선한 자극을 받고 자기화하는 과정을 거쳐 창조적인 영감을 받는 과정이 보이는 듯하다.

　사실 후발국의 입장에서 세계적인 예술품을 구입한다는 것은 쉬운 일이 아니다. 현실적으로 금액 부담이 크기 때문에 경제적 기반이 없으면 예술 영역도 확장되기 어렵다. 한국은 근대화의 실패를 극복하고 뒤늦은 산업화를 통해 선진국과의 격차를 좁혀 왔다. 그러나 박물관 또는 미술관의 형태로 서양의 근대 미술을 선보일 만한 역량을 키울 틈이 없었다. 지금 도쿄의 국립 서양 미술관 수준의 서양 근대 미술 전시관을 국내에 만든다면 상설 전시를 위한 작품을 수집하는 데 최소 2~3조 원의 거액이 투자되어야 할 것이다. 다만 20여 년 전부터 여러 기업 및 기관이 해외에서 수집해 온 현대 미술품들이 기획전의 형태로 선보이기 시작했고, 2000년 이후에는 해외 현대 미술을 상설 전시하는 리움 미술관이 등장한 덕분에 이제는 일반 대중도 오늘날 세계 미술의 흐름을 동시대적으로 감상할 수 있게 되었다. 이제 서울은 물론이고 지방 대도시에서도 해외 유명 작품 전시를 접할 수 있다. 현실적으로 근대 작품을 충분히 감상할 수는 없지만 현대 작품은 접근이 어렵지 않다.

이 대목에서 아라리오의 또 다른 가능성을 엿볼 수 있다. 아라리오는 가장 최근에 설립된 미술관이지만 전시 공간을 통해 제시하는 세계관은 지금까지 국내 미술관의 방식과 사뭇 다르다. 이곳에 가면 소위 현대 선진국이라 일컫는 미국, 영국, 독일, 일본의 미술부터 앞으로 가능성이 기대되는 중국, 동남아, 인도의 미술품까지 다양하게 볼 수 있다. 이는 선진국의 예술 흐름을 답습하기보다는 세계 전체를 무대로 한 감식안을 기반으로 하고 있기 때문이다. 이러한 아라리오의 행보가 믿음직스러운 것은 무엇보다 공간을 구성하는 방식 때문이다. 이곳은 기존의 건물에 담긴 과거의 역사를 지우기보다는 그러한 과거를 토대로 삼아 새로운 예술을 추구하는 정신의 깊이를 느낄 수 있다.

결국 2014년의 아라리오 뮤지엄 건립에서 우리는 1959년 일본의 국립 서양 미술관이 건립된 것과 유사한 사회적 맥락을 발견할 수 있다. 이제 이런 가치관을 지닌 미술관과 박물관이 차례로 세워져 한국 안에서 세계를 읽고 이해하는 문화가 확산된다면 콘텐츠 측면에서도 꽤 선진적인 문화 기반을 만들 수 있지 않을까? 그런 점에서 2014년 아라리오가 뗀 현대 미술관의 첫 발걸음은 한국 미술계에 뜻깊은 사건이 아닐 수 없다.

## 맺음말

    처음에는 일제 강점기의 유물 도굴에 관한 이야기를 쓸 수 있겠느냐는 제안을 받았다. 인사동에서 고미술 관련 일을 하고 있을 때 도굴 사건에 대한 많은 이야기를 접했기 때문에 쓸 수도 있었지만 거절했다. 개인적으로 가슴 아픈 시대의 이야기를 꺼내는 게 부담스럽기도 했지만 이미 도굴로 인한 문화적 손실의 안타까움을 피력한 책은 꽤 나와 있다고 판단했기 때문이다. 그 후 미술품 경매를 비롯한 거래에 얽힌 주제로 써 보자는 제안을 받았다. 이 역시 유사한 내용의 책이 이미 있다는 점 때문에 고민이 되지 않을 수 없었다.

    두 번의 제안을 받은 후 가만히 생각해 보니, 그동안 작품과 작가에 대한 이야기나 유물을 수집한 소장가의 이야기는 많았지만 정작 그 작품들이 전시되는 공간에 주목한 책은 없었음을 깨달았다. 사실 도굴과 미술품 거래, 작품, 작가, 소장가를 하나로 엮어 이야기할 수 있는 주제가 바로 박물관 아닌가. 박물관을 통해 소장가 또는 건립자의 철학을 살펴볼 수 있고 전시품마다 깃들어 있는 숱한 사연들을 풀어 낼 수 있으니 말이다. 그 안에 도굴, 거래에 얽힌 비화, 시대 상황까지 점검한다면 단편적으로나마 한국 미술사에 접근할 수 있겠다는 결론에 도달했다.

박물관에 얽힌 사연들은 관람객에게 공개되는 순간부터 뒤안길로 사라지게 마련이다. 왜냐하면 관람객은 전시물을 보러 오는 것이지 박물관 자체를 보러 오는 게 아니기 때문이다. 그러나 하나의 박물관이 만들어지기까지는 시대와 인물과 예술이 뒤얽힌 이야기가 무궁하다. 이 사연들을 꺼내어 보여 주고 싶었다. 특히 우리의 박물관은 최초의 근대 박물관이 탄생하는 순간부터 오늘날에 이르기까지 질곡의 역사를 거쳐 왔기 때문에 의미가 더욱 깊다.

켜켜이 쌓인 사연들을 하나씩 풀어 내면서 박물관의 의미를 새롭게 조명하고 그 과정에 이바지한 사람들을 소개하는 작업은 내게도 의미 있는 일이었다. 그래서 거꾸로 출판사에 제안을 했다. 근대 박물관 설립부터 가장 최근의 미술관에 이르기까지 전시 공간에 관한 이야기를 큰 흐름으로 밝혀 보겠다고. 이 책은 그 결과물이다.

각 장은 독립된 이야기로 읽을 수도 있지만, 전체적으로는 한국의 박물관 100년사를 일별할 수 있도록 구성되어 있다. 특히 일제 강점기부터 격동의 세월을 거쳐 온 한국 사회를 배경으로 박물관과 미술관이 세워진 이야기를 소개하되, 핵심 인물들에 얽힌 흥미로운 사연도 전하고자 했다.

박물관이라는 프리즘을 통해 우리의 역사와 문화를 살펴보려 했던 의도가 얼마나 잘 담겼을지 걱정스럽다. 그러나 문화 예술을 사랑하는 독자들, 특히 박물관을 자주 찾는 독자들에게 도움이 된다면 필자로서 큰 보람이겠다.

## 국립 박물관

현재 한국의 각 지역에는 역사와 문화를 공유하는 공간으로서
국립 박물관이 운영되고 있다. 특히 서울 용산에 위치한 국립
중앙 박물관과 경주의 국립 경주 박물관이 가장 큰 규모인데, 일단
관람객의 규모만으로도 한국의 양대 국립 박물관이다. 매년 국립
중앙 박물관은 약 350만 명, 국립 경주 박물관은 약 130만 명을
기록하면서 2000년 중반 이후 세계 박물관 랭킹에서 상위권에
올라 있다.

이 밖에도 부여, 공주, 익산, 청주, 춘천, 전주, 광주, 나주, 진주,
대구, 김해, 제주에 국립 박물관이 건립되어 해당 지역의 역사를
기반으로 한 다양한 전시를 열고 있다. 전시 방식은 박물관마다
차이가 있는데, 크게 한반도 전체의 역사를 시대순으로 보여
주는 형식과 특정 시대를 중심으로 전시하는 형식으로 구분된다.
예를 들어 국립 중앙 박물관은 선사 시대부터 삼국 시대, 통일신라,
고려, 조선, 근대로 이어지는 큰 흐름을 보여 주는 방식으로
운영 중인 반면, 국립 경주 박물관은 신라의 유물을 바탕으로 당대의
문화를 상세히 소개하는 형식으로 운영된다.

다른 국립 박물관도 이러한 구분을 따르고 있다. 국립 청주
박물관, 국립 춘천 박물관, 국립 전주 박물관, 국립 광주 박물관,
국립 대구 박물관, 국립 제주 박물관 등은 역사의 흐름을 중심으로
하여 각 지역이 지닌 고유한 역사를 전시 공간에 펼쳐 보이고 있다.

결국 전시 공간만 작을 뿐 국립 중앙 박물관과 같은 구성이다. 한편 국립 부여 박물관, 국립 공주 박물관, 국립 익산 박물관은 한성 시대 이후의 백제 후반부 역사를, 국립 나주 박물관은 나주 고분군을 바탕으로 4~6세기 역사를, 국립 진주 박물관은 임진왜란 역사를, 국립 김해 박물관은 김해 고분군을 바탕으로 4~6세기 역사를 전시하는 등 특정 시대를 부각하여 보여 준다. 이는 국립 경주 박물관과 유사하다.

기획전의 경우에는 각 박물관이 지닌 특색만큼 다양하다. 그러나 각 지역의 특정 역사와 문화를 연계하는 전시가 자주 펼쳐지고 있으며, 국립 중앙 박물관에서 구성한 완성도 있는 기획전을 지방 국립 박물관에서 그대로 가져온 기획전도 진행되고 있다. 이 같은 차이점이 있는 만큼 국립 박물관을 방문할 때는 각각의 특색을 미리 살펴 두면 도움이 될 것이다.


**국립 중앙 박물관**

서울 용산에 위치한 국립 중앙 박물관은 한국을 대표하는 박물관인 만큼 공간과 전시 유물의 규모 면에서 국내 최대의 수준을 자랑한다. 그래서인지 처음 방문하는 경우에는 크고 복잡한 공간 안에서 혼란을 겪기도 한다. 박물관의 전시를 제대로 감상하고자 한다면 무엇을 보고 싶은지 구체적인 목적을 세우고 찾는 편이 좋다.

예컨대 한국 역사 전반을 훑어보고 싶다면 1층 전시관을 추천한다. 국립 중앙 박물관 입구에 들어서자마자 오른편에 있는 첫 번째 전시실로 들어서면 선사 시대의 유물을 만나게 되는데, 바로 이곳이 시작점이다. 전시 흐름을 따라 이동하면 자연스럽게 고조선, 삼한,

고구려, 백제, 가야, 신라로 이어진다. 신라 전시실에서 1차 동선이
끝나기 때문에 어디로 이동해야 할지 당황할 수 있지만 전시
방향이 선사 전시실에서 시계 반대 방향으로 이동하게 되어 있다는
점을 기억해 두자. 대부분의 관람객은 이 사실을 잘 몰라서 신라
시대의 유물까지만 열심히 보고 나가기도 하는데, 경천사지 10층
석탑 안쪽의 맞은편으로 걸어가면 통일신라실을 찾을 수 있다.
통일신라실에 들어서면 전시 흐름을 따라 자연스럽게 발해, 고려,
조선, 근대 유물로 전시가 이어진다. 한 바퀴 돌아서 조선 전시실을
나오면 드디어 한 바퀴를 돈 셈이다. 이 공간에서는 교과서에서
보았던 전시 유물을 실물로 만나는 기쁨을 만끽할 수 있다.

조선 전시실이 끝나는 지점에 서면 처음에 들어섰던 선사 전시실
입구가 보이면서 조금은 박물관 구조가 익숙해질 것이다. 물론
한 번의 관람으로 한국 역사의 흐름을 완전히 실감할 수는 없다.
결론은 자주 방문하는 수밖에 없다. 놀라운 것은 볼 때마다 새로운
감동을 얻게 된다는 사실이다. 유물은 늘 그 자리에 있지만 전에
미처 주목하지 못했던 면면이 보이기 때문에 지루할 틈이 없다.

세계 어느 박물관에서도 이처럼 자국의 역사를 시대순으로
잘 보여 주는 곳은 찾아 보기 힘들다. 그만큼 다양한 유물을 역사
흐름에 맞게 잘 배치했기 때문이다. 한국 역사를 활자로만 배웠다면
이곳에 전시된 선조들의 숨결을 직접 느껴 보기를 권한다. 분명히
책에서 느낄 수 없었던 감동을 맛보게 될 것이다.

유물로 보는 역사에 재미를 느끼게 되었다면 이제 2층 서화관과
3층에 위치한 조각관, 공예관에서 깊이를 더해 보자. 이곳에서는
분야별 전통 예술품을 통해 당대 문화의 아름다움을 좀 더
세부적으로 감상할 수 있다. 우선 서화관의 경우 서예실과 회화실이

국립 중앙 박물관
1층 관람 동선

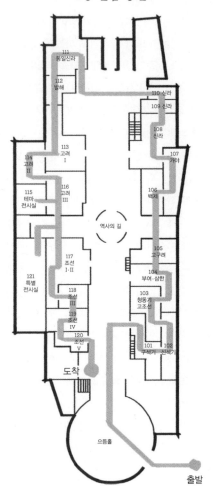

특히 인기를 모으고 있는데, 우리의 귀에 친숙한 작가의 작품이 망라되어 있으며 그 시대의 문화와 정신의 족적을 가늠케 하는 설명이 상세히 제공되어 감상의 즐거움이 쏠쏠하다. 3층 조각관, 공예관에는 금동 유물이 많이 전시되어 있어 도자기 문화와 불교 등의 문화를 한눈에 살펴볼 수 있다. 사실 회화, 도자기, 불상 등은 국내 골수 마니아층이 두텁게 형성되어 있어서 항상 관람객이 많은 편이다.

1층 전시와 2, 3층 전시를 잘 연계하면 이 땅의 역사와 문화를 거시적으로 미시적으로 즐길 수 있다. 그 두 가지 형식의 관람에 맛을 들이는 순간 어느덧 웅숭깊은 안목을 갖춘 자신을 발견하게 될 것이다.

이제 한국 역사에 익숙해졌다면 3층의 아시아 전시실로 수준을 한 단계 올려 보자. 일본, 중국, 중앙아시아, 인도, 동남아시아 유물이 전시되어 있는 이 전시실은 최근 국립 중앙 박물관에서 공들여 관리하고 있는 공간이다. 국내에서 아시아의 문물을 충분히 접할 수 있도록 해외에서 여러 아시아의 유물을 구입하여 배치하고 있기 때문이다. 아직 완벽한 수준은 아니지만 어느 정도 구색은 갖춘 상태다.

아시아 전시관은 색다른 관람의 즐거움을 선사하기도 한다. 예를 들어 중국 전시실에 있는 원·명·청의 청화백자와 조선의 청화백자를 비교한다든지, 인도 불상과 한국 불상을 비교해 본다든지 하는 식이다. 이런 식으로 관람하면 세계 문화의 흐름 속에 위치한 한국 문화의 위상을 느낄 수 있기 때문에 저절로 감상의 폭이 넓어지고 세계관도 확장될 것이다.

1층부터 3층까지 전시실을 자유롭게 돌아다니며 감상할 만큼 자주 방문했다면 이제 국립 중앙 박물관이 기획한 특별전에 관심을 가져 보자. 국립 중앙 박물관에서는 총 3개의 기획전 공간이 있다. 가장 먼저 상설 전시장 바깥에 따로 꾸며진 기획 전시관에서는 대부분 특별 전시가 진행된다. 이곳에서는 해외 유물 전시부터 국내 특정 유물을 부각하는 전시가 기획되는데, 전시 수준과 완성도가 국내에서 가장 높은 편이다. 관람료를 지불할 만한 가치가 있다. 한편 도록을 구입하는 것도 전시를 꼼꼼히 감상하는 즐거움 중의 하나다. 도록에는 전시된 유물 사진뿐 아니라 최고 전문가의 해설이 담겨 있기 때문에 이해하는 데 좋은 지침서가 된다. 이처럼 특별 전시를 꾸준히 관람하면서 도록을 읽는 취미를 갖는다면 어느덧 전문가 뺨치는 수준의 지식을 섭렵하게 될 것이다. 다음으로, 상설 전시장 1층 공간에는 특별 전시실과 테마 전시실이 있다. 이곳에는 규모가 작은 기획 전시가 진행된다. 무료 관람이지만 깊이 있는 내용이 많다.

이처럼 국립 중앙 박물관은 다양한 형태의 전시가 계속 진행되고 있기 때문에 자주 방문해도 늘 새로운 즐거움을 얻을 수 있다. 역사에 대한 공부는 물론이고 문화적 상식과 예술에 대한 이해가 자연스럽게 깊어지기 때문에 박물관만 잘 둘러보아도 꽤 박식해질 수 있다. 대중을 위한 교육 문화 시설로 이만한 곳이 또 있을까.

## 국립 경주 박물관

천년 고도의 역사를 자랑하는 경주는 줄곧 신라의 수도였다. 그래서 경주라는 도시 자체가 거대한 야외 박물관이라고 해도 과장된 표현으로 들리지 않는다. 그런 지역을 대표하는 박물관인 만큼 국립 경주 박물관의 전시 수준은 상당히 높다. 우선 대표 유물로 신라 고분에서 출토된 황금관이 많이 알려졌지만 그 밖에도 수준급의 탑과 불상이 다양하다. 이는 전시실 내부의 유물만을 말하는 게 아니다. 외부에 있는 거대한 고분과 석탑, 석불을 보면 신라 문화의 정수를 만끽할 수 있다.

사실 경주에서 박물관의 재미를 더욱 즐기려면 경주 곳곳에 있는 유적과 연계하는 방식을 추천한다. 경주 곳곳에 있는 유적들을 집약한 곳이 경주 국립 박물관이기 때문이다. 예를 들어 황룡사지, 안압지, 대릉원, 남산 등의 유적은 해당 유적지를 찾아가면 실제 모습을 확인할 수 있지만 국립 경주 박물관에서도 각각의 유적에서 출토된 유물을 바탕으로 한 세부 설명이 구성되어 있어 경주를 깊이 있게 이해할 수 있다. 즉 박물관 외부의 유적지와 박물관 내 전시 중인 유물을 함께 돌아보면 입체적인 경주 관광이 가능하다.

또한 특별 기획전에서는 경주와 신라 관련된 내용을 좀 더 세밀히 보여 주는 경우가 많은데, 국립 중앙 박물관 못지않게 수준이 높다. 그래서인지 경주 박물관 기획전이 열리기를 기다리는 국내외 관람객이 많은 편이다. 이와 유사한 형태로 운영되는 박물관은 부여 박물관, 공주 박물관, 익산 박물관으로, 각각 주변의 백제 유적을 확인하고 박물관에서 세부 이야기를 정리하는 형식이다. 이와 같이 전시하면 시너지 효과를 낼 수 있다. 말하자면 박물관이 관광 지도와 비슷한 역할을 한다고나 할까.

## 삼성 미술관

국가 기관이 운영하는 국립 박물관 다음으로는 삼성이 구축한
박물관들이 단연 최고다. 용인의 호암 미술관, 서울 용산의 리움
미술관, 종로의 플라토 미술관이 그 주인공으로, 각각 전시 구성은
다르지만 고대부터 현대 미술까지 다양한 전시를 볼 수 있다.

우선 용인의 호암 미술관을 방문하면 불국사와 유사한 형태의
기반 위에 기와 지붕 형태의 고전적인 전시관을 만날 수 있다.
현재는 이병철 초대 회장이 수집한 고미술을 중심으로 운영되고
있다. 오늘날에는 상대적으로 규모가 작은 편이지만 유물이 알차게
전시되어 있으며 IT를 활용한 다양한 전시 구성도 일품이다. 용인
주변을 지날 때 잠시 들러서 관람하기에 적합하다.

용산에 위치한 리움 미술관은 조금 더 완성도 높은 전시관을 보여
준다. 고미술 전시실과 근현대 미술 전시실 그리고 기획 특별실
등으로 구성된 꽤 규모 있는 형태인데, 건물 구조를 따라 구경하다
보면 여러 수작을 만나게 된다. 특히 뛰어난 고미술과 이름난
해외 현대 미술품으로 유명하다. 이제는 삼성 미술관을 떠올릴
때 호암 미술관보다 리움 미술관이 우선할 만큼 대중의 인지도도
꽤 높아졌다. 특별전의 경우 고미술보다는 현대 미술의 비중이
높아졌고, 그에 따라 리움 미술관의 예술적 세련미가 더 돋보인다.

마지막으로 플라토 미술관은 국내외 현대 미술을 중심으로
전시되고 있다. 해외 각국의 동시대 미술을 감상할 수 있는
몇 안 되는 국내 전시장으로 명성을 떨쳐 왔으며, 지금도 여전히
다양한 현대 작품이 전시되고 있다. 특히 이곳에는 로댕의 「지옥의
문」과 「깔레의 시민」이 유명하다. 「지옥의 문」은 7번째 에디션이고
「깔레의 시민」은 12번째 에디션이라고 한다. 미국이나 일본에서

박물관이나 미술관 앞에 로댕 작품을 전시하는 경우가 많은데 그 영향을 받았는지도 모르겠다. 그러나 플라토 미술관은 문을 닫았으니 안타까울 뿐이다.

이처럼 삼성 박물관은 다양한 공간을 통해 관람객에게 다채로운 세계를 보여 주고 있다. 그런 만큼 자주 찾아갈수록 현대 예술에 대한 안목을 높일 수 있다. 다만 구성된 동선을 그대로 따라가면서 관람하는 형식이기 때문에 국립 박물관처럼 관람객이 전시장을 자유롭게 돌아다니며 다양한 각도에서 감상하기에는 제약이 따른다.


### 미술 경매 프리뷰

한국을 대표하는 경매 회사인 서울옥션과 K옥션에서는 경매 전에 고객들에게 출품된 작품들을 미리 볼 수 있는 행사를 연다. 서울옥션은 신사동에 있는 강남센터에서, K옥션은 신사동 K옥션 사옥에서 프리뷰를 개최한다. 비슷한 시기에 두 경매 회사가 경매 프리뷰를 열기 때문에 신사동에서 함께 관람할 수 있어 편리하다.

이 행사는 경매에 참가하지 않는 이들도 방문하여 무료로 구경할 수 있으며 볼거리도 많은 편이다. 고미술부터 근현대 미술까지 다채로운 작품들이 전시되어 있어 마치 박물관이나 미술관에 온 듯한 호사를 누릴 수 있다. 경매 회사의 전시인 만큼 각 작품 옆에는 가격표가 붙어 있다. 작품과 그 작품의 값어치를 함께 본다는 것은 새로운 각도에서 감상할 수 있는 색다른 재미를 안겨 준다.

요즘은 해외 작가의 작품이 늘고 있는 추세다. 가격이 월등하게 비싼 근현대 대가의 작품은 부족하지만 한창 활약 중인 동시대 작가의 새로운 작품 세계를 감상할 수 있어, 세계적 추세나 분위기를 대략 짐작할 수 있다. 시장에서 거래되는 작품에 대한 감각을 키우는 데도 안성맞춤이다. 인사동 주변에도 비슷한 형식으로 중소형의 고미술을 특화하여 경매하는 회사가 많이 있다.

이처럼 작품의 또 다른 가치를 확인하고 싶다면 미술 경매 프리뷰를 방문해 보기를 권한다. 작품을 감상하는 또 다른 기준을 얻을 수 있을 것이다.


## 근현대 미술 관람하기

근래 다양한 박물관과 미술관이 생겨나기 시작하면서 근현대 미술을 관람할 수 있는 공간도 점차 많아지고 있다. 그 덕분에 과거와 달리 한국뿐 아니라 해외 유명 작가의 작품들도 국내에서 쉽게 감상할 수 있다. 다만 해외 작품의 경우 기업이나 개인이 꾸준히 모은 소장품을 바탕으로 상설 전시를 하는 경우는 별로 없으며 국내외 미술관 등과 연관하여 기획전으로 전시하는 경우가 대부분이다.

그중 가장 이름난 곳은 예술의 전당 내 한가람 미술관이다. 이곳은 유명한 해외 미술관과 계약을 한 뒤 작품을 전시하는 형태로 꾸준히 관객을 불러 모으고 있다. 특히 일본, 미국, 유럽 등지에서 좋은 반향을 얻었던 특별전을 기획하는 경우가 많기 때문에 전시 수준도 높은 편이다. 비슷한 형식으로 송파구 올림픽 공원 내 소마 미술관, 종로 대림 미술관, 동대문 DDP, 서울 시립 미술관, 대전 시립 미술관, 부산 시립 미술관 등도 적극적인 행보를 펼치고 있다.

갤러리 구경 또한 근현대 미술을 감상하는 데 도움을 준다.

특히 경복궁 동쪽에 위치한 소격동 갤러리 거리를 따라가다 보면 현대 갤러리, 학고재, 아라리오, 국제 갤러리, 아트선재센터 등이 나오는데, 하나같이 한국을 대표하는 이름난 화랑들이다. 여기서는 한국 근현대 미술부터 해외 작품까지 수준 높은 전시가 자주 열리므로 시간을 여유 있게 잡고 돌아보는 것도 좋다. 이들 갤러리 중심에는 국립 현대 미술관이 위치하고 있는데, 국립 현대 미술관이 2013년 11월 소격동으로 이전할 때 시너지 효과를 내기 위해 갤러리들도 전시 공간을 키우거나 이 지역으로 이전하는 변화가 있었다. 즉 국립 현대 미술관을 찾는 관람객들을 끌어모으기 위한 적극적인 행보라 할 수 있다.

마지막으로 평창동에는 전통적인 강자인 가나아트센터가 자리 잡고 있다. 한국에서 제일 규모 있는 미술 경매 회사인 서울옥션을 운영하는 만큼 평창동 가나아트센터의 전시는 상당히 구성이 알차다. 해외 전시회의 경우 유명한 해외 작가들이 대거 포진되어 있어 한국 미술 시장의 선도적 역할을 하고 있다. 따라서 평창동을 자주 찾다 보면 홍콩, 런던, 뉴욕까지 가지 않아도 세계적인 미적 감각을 키울 수 있을 것이다.

아는 만큼 보이고 보는 만큼 알게 되는 법이다. 국내의 미술관만 열심히 돌아다녀도 세계적 흐름에 대한 안목이 저절로 생겨날 것이다.

# 참고 문헌

『한국 박물관 100년사 본문편』, 한국 박물관 100년사 편찬위원회, 사회평론, 2009년.

『한국 박물관 100년사 자료편』, 한국 박물관 100년사 편찬위원회, 사회평론, 2009년.

『박물관의 탄생』, 도미니크 풀로 저, 김한결 역, 돌베개, 2014년.

『박물관의 탄생』, 전진성 저, 살림, 2004년.

『박물관 현상학』, 이보아 저, 북코리아, 2012년.

『관람객과 박물관』, 존 H. 포크 저, 이보아 역, 북코리아, 2008년.

『박물관의 정치학』, 가네코 아쓰시 저, 박광현 역, 논형. 2009년.

『동양을 수집하다』, 김혜원 외 저, 김광섭 외 사진, 국립 중앙 박물관, 2014년.

『오구라 컬렉션 한국문화재』, 국립문화재연구소 편, 국립문화재연구소, 2005년.

『그때 그 일본인들』, 다테노 아키라 저, 오정환·이정환 역, 한길사, 2006년.

『한국문화재 수난사』, 이구열 저, 돌베개, 1996년.

『경매된 서화』, 김상엽·황정수 편저, 시공사, 2005년.

『우당 홍기대 조선백자와 80년』, 홍기대 저, 컬처북스, 2014년.

『유랑의 문화재』, 정규홍 저, 학연문화사, 2009년.

『황금광시대』, 전봉관 저, 살림, 2005년.

『간송 전형필』, 이충렬 저, 김영사, 2010년.

『澗松文華』, 간송미술문화재단 편, 간송 미술관, 2014년.

『나는 황국신민이로소이다』, 정운현 저, 개마고원, 1999년.

『호암자전』, 이병철 저, 나남출판, 2014년.

『큰돈은 이렇게 벌어라!』, J. 폴 게티 저, 김진준 역, 문학사상사, 2007년.

『호림, 문화재의 숲을 거닐다』, 호림박물관 저, 눌와, 2012년.

『마침내 미술관』, 안병광 저, 북스코프, 2012년.

『CEO의 서재』, 한정원 저, 전영건 사진, 행성B잎새, 2012년.

『옛 그림 읽기의 즐거움』, 오주석 저, 솔출판사, 1999년.

『인상주의』, 홍석기 저, 생각의 나무, 2010년.

『한국근대미술걸작전: 근대를 묻다』, 국립 현대 미술관 편, 국립 현대 미술관, 2008년.

『한국 근현대 회화 100선』, 국립 현대 미술관·조선일보 편, 마로니에북스, 2013년.

『일본근대 미술』, 국립 중앙 박물관 저, 그라픽네트, 2010년.

『월간미술』, 월간미술편집부, 월간미술, 1996년 12월.

『이중섭 평전』, 최열 저, 돌베개, 2014년.

『도쿄 미술관 산책』, 장윤선 저, 시공아트, 2011년.

『아트, 도쿄』, 최재혁·박현정 저, 북하우스, 2011년.

『새로 쓰는 예술사』, 정병삼 외 저, 글항아리, 2014년.

『명품의 탄생』, 이광표 저, 산처럼, 2009년.

『조선미의 탐구자들』, 한영대 저, 학고재, 1997년.

『박물관에 살다』, 김재원 외 저, 동아일보사, 2009년.

『미술시장, 치열한 감동의 승부』, 사카모토 고로 저, 박성원 역, 고호출판사, 2007년.

『미술경매 이야기』, 이규현 저, 살림, 2008년.

『미술 시장의 법칙』, 이호숙 저, 마로니에북스, 2013년.

『그림쇼핑』, 이규현 저, 공간사, 2006년.

『그림 쇼핑 2』, 이규현 저, 앨리스, 2010년.

『세계의 미술관』, 비토리오 마냐고 람푸냐니·안젤리 작스 저,
최도번 외 역, 한길사, 2005년.

『뉴 뮤지엄의 탄생』, 최병식 저, 동문선, 2010년.

『미국, 한국미술을 만나다』, 국립 중앙 박물관 저, 국립 중앙
박물관, 2012년.

『서양미술사』, 에른스트 곰브리치 저, 백승길 외 역, 예경, 2003년.

『클릭, 서양미술사』, 캐롤 스트릭랜드 저, 김호경 역, 예경, 2010년.

『미국 미술 300년』, 국립 중앙 박물관 저, 국립 중앙 박물관,
2013년.

『이것이 현대적 미술』, 임근준 저, 갤리온, 2009년.

## 논문

『학교괴담을 통해 본 전통문화의 수용과 변화에 대한 일고찰』,
김종대 저, 우리문학연구 제25집 학술논문, 2008년.

『일제 강점기 경성의 미술 시장과 수장가 박창훈』, 김상엽 저,
서울학연구 제37호 학술논문, 2009년.

『한국 근대의 고미술품 수장가, 1: 장택상』, 김상엽 저,
동양고전연구 제34집 학술논문, 2009년.

「한국 근대의 골동시장과 경성미술구락부」, 김상엽 저,
동양고전연구 제19집 학술논문, 2003년.

「일제 강점기의 경성미술구락부 활동이 한국 근대 미술 시장에
끼친 영향」, 박성원 저, 이화여자대학교 석사 학위 논문, 2011년.

**박물관 보는 법:**
**보이지 않는 것을 보는 감상자의 안목**

2015년 10월 4일      초판 1쇄 발행
2022년 8월 4일      초판 5쇄 발행

**글**            **그림**
황윤          손광산

| **펴낸이** | **펴낸곳** | **등록** |
| --- | --- | --- |
| 조성웅 | 도서출판 유유 | 제406-2010-000032호(2010년 4월 2일) |

**주소**
서울시 마포구 동교로15길 30, 3층 (우편번호 04003)

| **전화** | **팩스** | **홈페이지** | **전자우편** |
| --- | --- | --- | --- |
| 02-3144-6869 | 0303-3444-4645 | uupress.co.kr | uupress@gmail.com |

| | **페이스북** | **트위터** | **인스타그램** |
| --- | --- | --- | --- |
| | www.facebook .com/uupress | www.twitter .com/uu_press | www.instagram .com/uupress |

| **편집** | **독자교정** | **디자인** | **마케팅** |
| --- | --- | --- | --- |
| 이승은 | 이경민 | 이기준 | 황효선 |

| **제작** | **인쇄** | **제책** | **물류** |
| --- | --- | --- | --- |
| 제이오 | (주)민언프린텍 | 다온바인텍 | 책과일터 |

ISBN 979-11-85152-38-7  04910
      979-11-85152-36-3 (세트)